歴史文化ライブラリー

527

徳川忠長

兄家光の苦悩、将軍家の悲劇

小池 進

吉川弘文館

目　次

確執の始まりと家臣への道

駿府徳川藩と蜜月時代

兄弟の確執？――プロローグ

1　兄弟の確執？

仲のよくない兄弟

「兄弟は他人の始まり」という。今日でもそれまで仲のよかった兄弟が、親の遺産をめぐって泥沼の裁判を繰り広げるといった話は、それほど珍しいものではない。また日本の歴史を振り返っても、たとえば皇室では穴穂部《あなほべ》皇子と崇峻《すしゅん》天皇、天智《てんじ》天皇と天武《てんむ》天皇、武家においても源頼朝《みなもとのよりとも》と義経《よしつね》、足利尊氏《あしかがたかうじ》と直義《ただよし》といった、兄弟による権力闘争の例は枚挙にいとまがない。

江戸時代においても、これらにならんで仲のよくない兄弟として、真っ先に思い浮かぶのが徳川家光《とくがわいえみつ》と忠長《ただなが》の兄弟ではないだろうか。家光はよく知られた人物であるが、いっぽうで弟の忠長については、それほどという向きもあるかも知れない。いま、こころみに辞

図1　徳川氏略系図

徳川家康
- 信康
- 秀康 ― 忠直
- 秀忠
  - 千（豊臣秀頼・本多忠刻室・天樹院）
  - 子々（前田利長室）
  - 勝（松平忠直室・天崇院）
  - 長丸
  - 初（京極忠高室）
  - 家光
  - 忠長
  - 和子（後水尾天皇皇后・東福門院）
  - 正之
- 忠吉
- 信吉
- 忠輝
- 松千代
- 仙千代
- 義直
- 頼宣
- 頼房

典によって徳川忠長の経歴を記してみると、

> 江戸時代前期の大名。慶長十一年五月七日生まれ。徳川秀忠《ひでただ》の三男。母はお江与《えよ》の方（崇源《そうげん》院《いん》）。寛永元年駿河《するが》（静岡県）府中藩主となる。五五万石。三年従二位、権大納言《ごんのだいなごん》。駿河大納言とよばれた。兄の三代将軍徳川家光との確執から、八年甲《か》斐《い》（山梨県）に蟄居《ちつきょ》、ついで上《こう》野《ずけ》（群馬県）高崎《たかさき》に幽閉され、寛永十年十二月六日自害させられた。二八歳。幼名は国松《くにまつ》。

とあるように（『日本人名大辞典』講談社、二〇〇一年）、忠長は江戸幕府二代将軍徳川秀忠とその正室お江与の方（浅井氏《あざいし》）とのあいだに生まれ、駿河府中（駿府《すんぷ》）で五五万石を領する大名となった。しかし、兄家光との確執から領地を没収され、寛永十年（一六三三）幽閉先の上野高崎において自害させられた大名、と一般には理解されている。

新井白石が記す家光と忠長の確執

この二人の確執ついては、忠長の自害からおよそ半世紀後には、早くも世上に流布していたようである。元禄十五年（一七〇二）に成立した新井白石《あらいはくせき》の『藩翰譜《はんかんふ》』のなかで、白石はつぎのように記している。すなわち、まだ家光が竹千代《たけちよ》、忠長が国《くに》千代《ちよ》といったころ、父の将軍秀忠は弟の国千代をふかく可愛がり跡継ぎにしようと考えていた。これを知った竹千代の乳母春日局《かすがのつぼね》が、家康の側室お勝《かち》の方（英勝院《えいしょういん》、太田氏《おおたし》）を介して駿府の家康にその旨を訴えたところ、驚いた家康は急ぎ江戸に下り、何かにつけ兄の竹千代を優先し弟の国千代を押し下がらせた。また秀忠に対しても、庶子を世継に立てることは天下が乱れる基であると教え諭した。すると秀忠の考えも

図２　新井白石（宮内庁書陵部所蔵）

改まり、竹千代が世継に決まったが、このゆえに兄弟の仲も険悪になり、ついには忠長は殺害されたと世人は伝え、書物にも記されている、というのである。

ここには、秀忠の正室であるお江与の方の関わりがみられない。しかし右の話に、彼女こそが忠長を溺愛し、それが秀忠の意向にも少なからぬ影響を与えていたということをくわえれば、この逸話は二人の確執を語るストーリーとして、とくに江戸時代の歴史に興味のある人ならば、誰もが知るところではないだろうか。

確執を否定する白石

ただし新井白石はこれを「受け難き事共なり」とする。そもそも秀忠は「篤恭《とつきよう》（人情にあつく慎み深いこと）の御徳備はらせ給ひ、近代の賢主」なのであって「これ皆、嫉妬深き婦人女子の口より出で、物の心をも弁《わきま》えぬ人の、私の腹をもて公なる御心を計れるより出でし説なるべし」と、右の逸話はすべて「嫉妬深き婦人女子の口」から出たもので、分別のない人々が勝手に秀忠の気持ちを推測して出した説に過ぎないと、今ならネットが大炎上しそうなことを述べている。

ネット云々はともかく、つづいて白石は「この殿（忠長）のことにつきて、御父子兄弟の御中（仲）の事共、色々世に伝ふることあり。すべて受け難き事共なり」と記し、秀忠が幼少の忠長を家光よりも可愛がったことや、家光・忠長兄弟が不仲だったことをきっぱりと否定しているのである。

本書のねらい

新井白石といえば、当時の最高知識人である。では、その白石がいうように、家光と忠長の不仲・確執はまったくの虚構だったのだろうか。そうだとすれば、じっさいに二人の関係はどのようなものだったのか。いっぽうで、秀忠夫妻の兄弟に対する接し方はいかなるものだったのか。そして、なぜ忠長は領地を没収（改《かい》易《えき》）され、ついには自害までしなければならなかったのだろうか。

本書は、家光・忠長二人の兄弟関係を歴史の俎上にあげて、そこから現代の兄弟のあり方に何か一石を投じようなどと、大それたことを意図しているものではない。ただ、これまで徳川忠長の問題は、ほとんどが家光の人物史を叙述するなかで、あるいは家光政権の形成過程に関する研究のなかで間接的に論述されるだけで、忠長を正面に据えた論著はなかった。そこで本書は、もちろん兄家光との関係に留意しながらも、弟の忠長の方に視点をあてて、その誕生から死去に至るまでの彼の生涯を、二人の生きた時代の政治・社会状況を視野に入れながら、できるだけ同時代につくられた信頼度の高い史料によって明らかにし、かつ右にあげた諸問題を再検討するとともに、忠長の改易から自害に至る事件を幕藩政治史のなかに位置づけてみようとするものである。

よって読者諸氏には、本書はある意味で徳川忠長の伝記とお考えいただきたい。ただし、最初の「「越前事」」の章ではややページをさいて、忠長の事件より一〇年ほど前の元和八年（一六二二）～翌九年にかけて起こった、越前福井藩主《えちぜんふくい》松平忠直《まつだいらただなお》の改易事件から話を始めることとする。松平忠直は、後に述べるように忠長とは従兄弟同士の関係で、忠長と立場を同じくする親藩大名であり、その忠直の改易事件は、忠長の問題を考えるとき、多くの示唆を与えてくれると思われるからである。

なお本書で引用する史料は、一般の読者の方にも理解しやすくするため、そのほとんどを読み下し文にした。また『細川家史料』によった記述は、とくに必要と認められる場合をのぞいて注記を省略した。叙述の根拠となった諸論稿も、必要な場合のみ括弧内に示し、それ以外は一括して巻末の参考文献にあげたことをお断りしたい。

「越前事」

元和八年の危機

松平忠直の不参事件

浅間山の噴火

信濃《しなの》と上野《こうずけ》の国境にそびえる浅間山《あさまやま》は、我が国有数の火山として知られ、甚大な被害をもたらした天明三年（一七八三）七月の大噴火をはじめ、これまでもいく度となく噴火を繰り返してきた。そして、いま現在に至るまでその噴煙が絶えることはない。

本書の主人公である徳川忠長が、甲斐甲府《かいこうふ》への謹慎を命じられた寛永八年（一六三一）も、浅間山は春から活動を活発化させていた。そのころ江戸にいた豊前小倉《ぶぜんこくら》城主細川忠利《ほそかわただとし》（三九万九〇〇〇石）は、同中津《なかつ》（現大分県中津市）に帰国中の父忠興《ただおき》に宛てた四月朔日付の書状で、その模様をつぎのように報じていた。

一、近年はやけ《（焼）》申さざるあさま《（浅間）》、事の外やけ、江戸へもあさまの方より風吹き候時は、やけほこりふり申し候、則ち御目に懸け候、あさまハ、せきか原《（関ヶ原）》・大坂事の時は大やけ、越前事《えちぜんのこと》の時は少しやけ申し候由《よし》申し候、つねニハやけ申さず候、

最近噴火していない浅間山がことのほか噴火しており、風向きによっては江戸にまでその火山灰が降りそそいでいる。しかも浅間山は「せきか原・大坂事の時」には大きな噴火があり、また「越前事の時」にも小規模な噴火があったというのである。「せきか原・大坂事」とは、もちろん慶長五年（一六〇〇）の関ヶ原の戦いと、同十九年および翌元和元年（一六一五）に起こった大坂冬・夏の陣をさしている。これら二つの出来事は、一つには諸大名に政権の選択を迫る、あるいは政権の帰趨を左右する、いずれにしてもきわめて大規模かつ歴史的にも重要な合戦であり、この点については異論をはさむ余地はないであろう。

では、これにつづいて「つねニハやけ」ていない浅間山が、「少しやけ申し候由申し候」と細川忠利が記した、「越前事」とはいかなる事態をさしているのだろうか。本題に入るまえに、まずはこの「越前事」から話を始めてみたいと思う。

図3　松平忠直（浄土寺所蔵）

参勤しない松平忠直

越前北《きた》ノ庄《しょう》（後の福井、以下ではすべて福井とする）城主松平《まつだいら》忠直《ただなお》（六七万石）は元和三年（一六一七）、将軍秀忠の上洛に供奉《ぐぶ》し、七月に京都伏見《ふしみ》で秀忠に拝謁すると、その足で居城福井城にもどり、その後は幕府の指令をよそに、江戸への参勤を怠たるようになっていた。なかでも元和七・八年の両年は、雪解けを待って福井を出発するものの、途中の関ヶ原に数ヵ月逗留したまま、秋になると病気を理由に帰国するということを繰り返していた。一説には、忠直は大坂夏の陣において真田幸村《さなだゆきむら》を討ち取るなど、抜群の戦功があったにもかかわらず、満足な恩賞が得られず、それへの不満があったともされている（金井圓「松平忠直」『大名列伝』三・悲劇篇）。

この松平忠直は、文禄四年（一五九五）六月、徳川秀忠の兄結城秀康《ゆうきひでやす》の長男として生まれた。そして慶長十二年（一六〇七）閏四月の秀康の死後、その遺領福井六七万石を継ぎ、元和元年閏六月には従三位参議に叙任して「越前宰相《えちぜんさいしょう》」と呼ばれていた（「越前津山《つやま》松平系譜」）。それゆえ忠直は、徳川家光・忠長兄弟とは従兄弟という関係にあった。くわえて越前松平家は、その出自が将軍の兄の家系ということもあり、幕府支配のおよばない「制《せい》外《がい》の家」（『落穂集《おちぼしゅう》』）と呼ばれるなど、徳川家一門のなかでも格別な家とみなされていた。「越前事」とは、表面的な事実だけでいえば、徳川家の親藩とはいうものの、一人の大名が江戸に参勤して来ないというだけの話にすぎない。だが、じつはその背後には、松平忠直を核として戦争勃発さえも懸念される、幕府を揺るがすような事態が、とくに元和八年には起こっていたのである。以下では高木昭作氏の仕事（「本多正純の改易をめぐって」）によりながら、元和八年という年のきわめて緊張した、かつ不穏な情勢ついてみてみることとしよう。

始まらない江戸城本丸の普請

この年は、年初から松平忠直の動向が諸大名以下の関心の的になっていた。たとえば、前年三月から在府（江戸に滞在）していた出羽久保《でわくぼ》田《た》城主佐竹義宣《さたけよしのぶ》（二〇万五八〇〇石）が、二月十日付で国元に宛てた書状には、なかなか「御暇《おいとま》」（帰国の許可）が出ないことにつづけて、二月朔日から着工予定だった、江戸城本丸の普請が始まらない理由の一つが、忠直の江戸不参ではないかと噂されていることにふれ、これが事実ならば「御暇」もしばらくは出ないだろう、と報じられていた（「天英公御書写」）。参勤の拒否はもちろん幕府への謀叛であり、その対策として、幕府が諸大名の在府を強制していると義宣は受け取ったのである。

また、忠直の不穏な動きを裏づけるように、細川忠利も二月十三日付の書状で「越前御籠城の躰にも御座候はば、爰元《ここもと》御本丸御普請も御座有る間敷きと、何れも申し候」と、江戸では忠直籠城の可能性まで推測されていたことを父忠興に書き送っている。もちろん忠直が福井城に籠城したという事実はなく、江戸城の普請も二月十八日には開始されていた。ただ、佐竹義宣に帰国の許可が出たのは、このときからじつに八ヵ月も後の十月五日であった（「天英公御書写」）。このことは留意しておきたい。

異例な日光社参

元和八年（一六二二）は家康の七回忌にあたっており、四月には将軍秀忠の日光社参《にっこうしゃさん》が行なわれた。だが、それは将軍の社参としては異例づくめのものであった。秀忠は四月十三日に江戸を出発していたが、細川忠利の書状によれば「事の外、道すから御用心」と、その道中はことのほかの警戒ぶりで、日光に到着後も五〜六万という供奉の人数もさることながら、日光山を二重三重に包囲した警備を実施するなど、きわめて厳重な警戒態勢のもとで、この社参が行なわれていたことがわかる。

さらに、道中の旅程も後の将軍の日光社参と比較しても、まったく異例なものであった。前述したように秀忠は四月十三日に江戸を発つと、日光街道を北上し、その晩は下総古河《しもうさこが》、翌十四日は下野宇都宮《しもつけうつのみや》、十五日は今市《いまいち》と宿泊を重ね、四月十六日に日光に到着した。この往路における三泊四日という行程は、取り立てて異例というわけではない。ところが復路はというと、秀忠は四月二十日辰刻《たつのこく》（午前八時ごろ）に日光を出発し、昼夜を分かたず江戸に向かい、早くも翌二十一日の夜半には江戸城に帰着していた（二十日は下野壬生《みぶ》泊とする説もある）。往きに四日を費やした日光—江戸間、およそ一五〇キロの道のりを、帰りは二日とかからずに済ませていたことになる。復路は途中まで山下りになるとはいえ、秀忠は異常な速度で帰っていたのである。

秀忠はなぜこのように帰路を急いだのか。一説には、秀忠のもとに正室お江与《えよ》の方急病の報せが届いたためとされる（『東武実録《とうぶじつろく》』『御当家紀年録』）。しかし、これが事実ならば、右の秀忠の急行軍を記した諸史料（『細川家史料』など）に、その理由として急病のことが、何らかの形でふれられていてもよさそうなものである。それがまったく書かれていないことからすれば、お江与の方急病説は俗説というほかなく、やはり忠直の動向に絡んだものとみた方がより現実的であるように思われる。

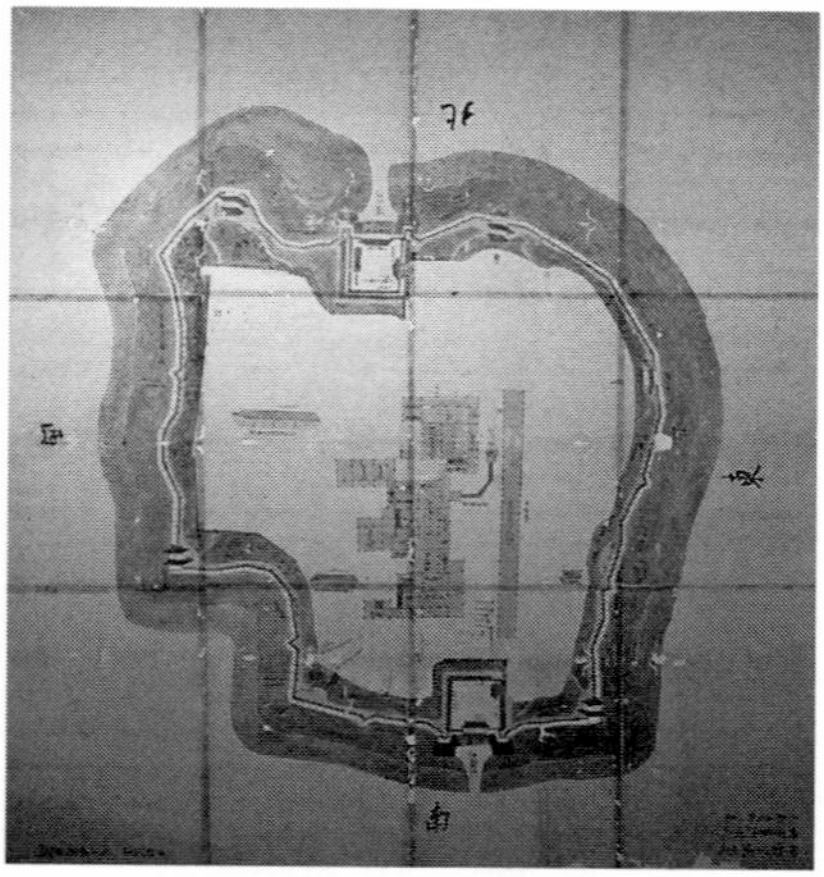

図４　宇都宮城本丸将軍家御泊城ノ節建物之図（宇都宮市教育委員会所蔵）

忠直は三月二十一日に福井を発つと、一日に二〜三里という緩やかな速度ですすみ、四月十二日に関ヶ原に到着していた。そして秀忠が社参していた期間は、同じく関ヶ原に逗留中であった。しかし、忠直が何か秀忠を刺激するような動きをみせたという記録は、当時の史料からは見出せず、よって秀忠が急行した直接の理由を忠直と結びつけることはできない。ただ、たとえば細川忠利の四月十二日付の書状では、忠直の動向にふれたくだりにつづいて、秀忠の道中での厳重な警戒ぶりが報じられており、こうしたことからも、このときの社参における一連の事態が、忠直の動向に関連するものとして当時は認識されていた、と解釈することは十分に許されるであろう。

宇都宮釣天井事件

なお、帰路における秀忠の強行軍は、この年十月の年寄《としより》（老中《ろうじゅう》）本多正純《ほんだまさずみ》の突然の改易とも相俟《あいま》って、半世紀あまり後の一八世紀初頭には、はやくも後の「宇都宮釣天井事件《うつのみやつりてんじょうじけん》」に結びつく説となって流布していた（『藩翰譜《はんかんふ》』）。宇都宮釣天井事件とは、秀忠が今回の社参で宿泊予定にしていた宇都宮城の城主本多正純が、秀忠の寝所に釣天井を仕掛けて暗殺を計画したものの、ことは事前に露顕して未遂に終わり、結果正純は改易されたというもので、江戸時代後期になると歌舞伎や講談などでも、さかんに上演されるようになっていた。もちろん事実ではない。ただ本多正純が、後に述べるように松平忠直とともに元和八年の不穏な情勢を演出する、もう一人の当事者ともいうべき人物だったことは間違いない。

この本多正純の改易については後に詳述するとして、じつは諸大名の動向も、この年は例年とは明らかに異なるものであった。

江戸に集結する諸大名

大名の江戸参勤は、大坂夏の陣による豊臣氏の滅亡後、元和四年（一六一八）ごろまでは毎年参勤が原則であった。その後、一年在府・一年在国の隔年参勤もみられるようになり、寛永十年（一六三三）ごろには隔年参勤が主になっていた（波田野富信「参勤交代制の一考察」）。ただ、参勤交代が明確に制度化されるのは、やはり寛永十二年六月の武家諸法度《ぶけしょはっと》を待たねばならない。それまでは、隔年参勤が定着しつつあったとはいえ、依然としてその時々の政治情勢に左右される形で、諸大名は幕府の指示のままに江戸と国元の往復を繰り返していたのである。

こうしたなか、元和八年七月九日付の細川忠利の書状によれば、薩摩鹿児島《さつまかごしま》城主島津家《しまづいえ》久《ひさ》（六〇万五〇〇〇石）は、はじめ幕府の指示では、この年は在国が許されていたため、同年五月、一族の島津久元《ひさもと》を使者に立てて幕府に御礼を申し上げたところ、そのときもこれまで同様に在国してよいという指示を受けていた。ところが、七月七日になって、江戸の留守居《るすい》が本多正純から呼び出しを受け、「筑紫衆《つくししゅう》（九州北部の諸大名）は残らず江戸に到着していますゝ。島津殿も九月上旬には江戸に到着するように」と指示されたのである。これにはさすがに島津氏の留守居も合点がいかず、知り合いで同じ九州大名の細川忠利に事情を尋ねたところ、これに対して忠利は「確かなことはわかりませんが、もしかすると『越前の儀』について幕府から何らかの発表があるため、諸大名を江戸に召し寄せているのかもしれません」と応えていた。

島津氏以外にも、備前岡山《びぜんおかやま》三一万五〇〇〇石の池田忠雄《いけだただお》、因幡鳥取《いなばとっとり》三二万石の池田光政《みつまさ》らも、当初は十月ごろの参勤予定だったものが、七月初旬には江戸に到着していたし、阿《あ》波徳島《わとくしま》二五万七〇〇〇石を継いだばかりの蜂須賀忠英《はちすかただひで》も、眼病がよければ八月中に参勤せよとの指示を受けていた。くわえて「東衆一人も御暇出で申さず候」と、前年から在府の東日本の諸大名には「御暇」がいっさい出ていなかった。つまり元和八年の夏から秋にかけては、幕府は当初の予定を変更してまで、全国の諸大名を江戸に集結させていたのである。こうした状況を受けて細川忠利は、下々では国替え（転封《てんぽう》）か、または越前への出兵があるのではないかと噂し合っている、と報じていた。

なお諸大名の動向に関連して、この年の後半には「はこね（箱根）・今きれ（今切＝新居）人の改め、道具の改め、事の外きつく御ざ候」（『細川家史料』）と、東海道の諸関所の警戒がかなり厳重になっていたこともつけくわえておこう。

以上が、元和八年の松平忠直の動向と、それをめぐる幕府や諸大名が直面した状況であった。だが、ことはこれで終わりではなく、じつはもう一人、この年の不穏な情勢に関わる人物がいた。それは、前にも少しふれた年寄の本多正純である。次節では、こうした情勢のなかで、正純がどのような動きをみせ、何ゆえに改易されたのか、そもそも秀忠と正純とはいかなる関係だったのか、こうした点を具体的にみてみることとしよう。

本多正純の改易

出頭人本多正純

一般に武家社会では、大きな身分差のある場合、下の身分の者は上の身分の者に直接会話を交わしたり手紙を宛てたりすることはできず、そのため常に主君の側近くに仕え、主君と他の家臣とのあいだを仲介する者を必要としていた。そうした役割を担ったのが、当時「出頭人《しゅっとうにん》」と呼ばれた人々である。「出頭」とは、本来は「主君の御前に出る」ことをいうのだが(『日葡辞書』)、右のような慣習のなかでは、出頭人の言葉はその背後にいる主君の言葉と了解されるようになり、いきおい彼ら出頭人は主君の権威を背景に大きな権限を振るうことになった。もちろんそこには、出頭人自身が持つ様々な手腕・力量もさることながら、何よりもそうした人物を側近くにおく主君の恩寵《おんちょう》と信頼とが必要であった。

この出頭人の典型とされる人物の一人が、本多上野介《こうずけのすけ》正純である。正純は、永禄八年（一五六五）三河に生まれた。父は徳川家康の懐刀《ふところがたな》としても知られた本多佐渡守正信《さどのかみまさのぶ》である。正純は幼少から家康の側近くに仕え、正信の嫡男ということもあり、家康のあつい寵愛を受けていた。とくに家康が秀忠に将軍職を譲った〈慶長十年〈一六〇五〉〉後の、いわゆる大御所《おおごしょ》時代には、家康と諸大名や旗本《はたもと》とのあいだを取り次ぐことで、彼らに対する絶大な影響力を誇っていたのである。『寛永諸家系図伝』本多正純の譜にある「列国の諸侯・諸士、大権現《だいごんげん》に謁したてまつらんとする者ならびに訴のぞむところあるものハ、ことぐ〱くみな先ず正純につげてのち上聞に達す。このゆえにその権柄《けんぺい》いよ〱さかんなり」という記述は、そのあたりのことを余すところなく伝えている。

なお、三代将軍家光のときの寛永十年代になり、こうした出頭人が組織化され、その役割・業務の内容や範囲も、「法度」といった形で明瞭に文章に規定されて、江戸幕府の老中職が形成されていた。

衰えぬ正純の権勢

出頭人の権力の源泉が主君の恩寵と信頼にあったとすれば、主君の死が彼ら出頭人の凋落をもたらすことは避けて通れぬところであった。元和二年（一六一六）四月の徳川家康の死によって、いわゆる駿府《すんぷ》大御所政権は解体し、家康の政治を支えた多くの出頭人たちの権勢も失われていった。

こうしたなかで本多正純は駿府から江戸に移り、今度は将軍秀忠の側近となって、家康時代ほどではないにしても、依然として幕府政治の中枢に存在しつづけていた。正純は新たに秀忠政権にくわわっていたにもかかわらず、秀忠の以前からの出頭人で「年寄衆《としよりしゅう》」とも呼ばれた酒井忠世《さかいただよ》・酒井忠利《さかいただとし》・土井利勝《どいとしかつ》・安藤重信《あんどうしげのぶ》らのなかでも、少なくとも形の上では酒井忠世につぐ第二位の序列にあった。また元和五年には、これまでの三万三〇〇〇石から一挙に一五万五〇〇〇石に加増され、宇都宮城をも拝領していた。つまり将軍秀忠からは、一見するとあつい待遇で江戸に迎えられていたのである。

秀忠とすれば、自分に側近として仕えた、正純の父正信の功績に報いるという点もさることながら、正純の持った家康時代からの広範な行政実務の経験や、とくに西日本の外様大名とのあいだに築いた人間関係と、彼らに対する絶大な影響力は、幕府の大名統治をより強固なものにするためにも、簡単に切り捨てることはできなかったのだろう。

ところが、その正純に突然の処分が下されることとなる。

突然の改易

元和八年（一六二二）八月、室町時代以来の出羽《でわ》の名族最上氏《もがみし》が改易された。これは同三年三月の最上家の当主家親《いえちか》が急死した後を受けて、当時わずか一二歳で出羽山形五七万石を継いだ義俊《よしとし》が、幕府の支援をよそに、日々酒食に耽って家老《かろう》たちの諫言《かんげん》を聞かず、かつ家老同士の抗争を押さえきれなかったためである。いま、この事件に深入りすることはしないが、この改易による山形城受け取りの上使に指名されたのが本多正純であった。正純は八月二十一日に江戸を発つと、翌九月六日、やはり上使となっていた永《なが》井直勝《いなおかつ》とともに山形に到着し、ついで最上家の家臣たちから無事に山形城を受け取り、同月二十九日には、新たに山形二〇万石を拝領した鳥居忠政《とりいただまさ》に山形城を引き渡した（「伊達《だて》治家記録《じけきろく》」『梅津政景日記《うめづまさかげにっき》』）。

翌十月朔日、正純は、これも秀忠の上使として派遣されていた幕府勘定頭《かんじょうがしら》伊丹康勝《いたみやすかつ》と目付《めつけ》高木正次《たかぎまさつぐ》から、突然、所領宇都宮・佐野《さの》一五万五〇〇〇石の没収と、出羽国由利《ゆり》（現秋田県由利本荘市）への配流を伝えられたのである。その理由は、元和五年の福島正則《ふくしままさのり》（安芸広島《あきひろしま》四九万八〇〇〇石）の改易の際、何の根拠もなく正則に味方する勢力が存在するとして、処分の延期を秀忠に進言したこと、納得のうえで拝領したはずの宇都宮城を自分には不似合いだと返上を直訴したこと、そして、その宇都宮城の普請をしなかったことなどであった（『梅津政景日記』『細川家史料』）。

「台徳院殿御実紀《たいとくいんでんごじつき》」によれば、康勝らはまずはじめに一一ヵ条にわたる糾問状を読み聞かせ正純を糾弾した。これに対して正純は逐一よどみなく釈明したものの、なお康勝が懐から三ヵ条の書付《かきつけ》を取り出して問い糾すと、これにはさすがの正純も返答に窮したとされる。これが事実を伝えていたとすれば、正純にとっては改易の理由が三年も前のことであり、この処分はまさに晴天の霹靂《へきれき》だったに違いない。正純には堪忍分《かんにんぶん》として五万五〇〇〇石の支給も伝えられたが、これまで家康の出頭人として権勢をきわめていたことへの矜持《きょうじ》だろうか、正純はこれを固辞して、わずかに一〇〇〇石を拝領しただけだった。そして正純は、改易が通達されたその日、即座に配流の地である由利に向かって出立したのである。

なお、この正純の改易にみられるように、有力譜代大名を江戸から離れた土地に出張させ、その地で改易を通達するやり方は、幕府のとる常套手段だった。こうした方策をとったのは、その大名の家臣団を、大名の出張先に供奉する家臣・江戸屋敷に残る家臣・居城守衛の家臣と三分させることでその軍事力を削ぎ、抵抗の余地を与えないためであった。たとえば、慶長十九年（一六一四）二月に断行された、秀忠の年寄大久保忠隣《おおくぼただちか》に対する改易の通告も、キリシタン穿鑿《せんさく》のため京都に出張中のことであった（『寛政重修諸家譜』）。

図５　徳川秀忠（天崇寺所蔵）

秀忠と正純の関係

秀忠は日ごろから正純の奉公ぶりを「不足」と感じていたようであるが、その根本的な理由は、秀忠が正純に抱いていた個人的な感情にあったようである。その点を細川忠利は、十月六日付の書状でつぎのように語っている。

> 一、本上州《（正純）》（中略）駿河ニ居られ候時より、公方《（秀忠）》様御意ニ入らざる事共多く御座候へ共、佐渡《（本多正信）》御奉公申し上げられ、其の上相国《（家康）》様御側にも召し仕われ候条、御知行の御加増も仰せ付けられ、心をも直られ候やと御懇《ねんご》ろに召し仕われ候処、今に至り御奉公ぶり然るべからず候間、佐野・宇都宮召し上げられ候通り仰せ出だされ候、

すなわち、正純が駿府で家康に奉公していたころから、秀忠にとって正純の言動は意に沿わぬことが多かった。しかし父正信が秀忠に奉公し、正純も家康の側近として仕えるなど（父子で幕府権力の強化に貢献）していた。こうしたこともあり、正純には知行も増やしてやり、改心するかと懇ろ

に召し使っていたが、今に至っても奉公ぶりに改善がみられなかった、というのである。おそらく、正純は家康の権威を笠に着て、将軍の秀忠にまで何かと横柄で上から目線な態度で接していたのであろう。秀忠としてはそれが気に入らなかったのである。この推測が当たっていれば、秀忠とすれば当然のことである。それでも秀忠は、亡父家康への遠慮もあり我慢を重ね、また相当な配慮をみせてきたが、さすがにそれが限界に達したのである。これが、正純が改易されたそもそもの理由だったのかも知れない。

毒殺を警戒する秀忠

正純が何ら抵抗なく改易処分を受け入れ、即座に配流の地である由利に出発したからといって、正純の問題がまったく落着したわけではなかった。というのは、もちろん正純の動向が、松平忠直のように幕府の対大名政策に影響をおよぼしたような形跡は、少なくとも表面的にはみられない。にもかかわらず、なぜか秀忠は正純に対して必要以上に警戒していた節がみてとれるからである。

十一月八日付の細川忠利の書状によれば、正純が処分された後も、ますます「不届きの儀」が秀忠の耳に入り、秀忠は激怒したとされるが、これに対して、忠利は正純にさらに重い処分が科されるのではないかと推測していた。ところが、そのころ江戸城内では正純と関係の良好な秀忠の側近たちが、他家へ預けられ幽閉されていたという。いわば親正純派が秀忠の身の周りから遠ざけられていたのである。それだけではない。秀忠は自分に献上される品々の吟味《ぎんみ》を命じ、「どく（毒）の御用心きびしく御座候由」と、伝聞とはいうものの毒殺の用心までしていたらしいのである。

親正純派を身辺から一掃していただけでなく、毒殺まで警戒していたとなれば、秀忠が正純からの何らかの抵抗あるいは報復といったものを、ある程度想定していたと考えることは、それほど無理なことではあるまい。このように、このころの江戸城内は、かなり緊張した雰囲気につつまれていたのである。

「大陰謀」の発覚と松平忠直

正純と忠直の接点

これまで松平忠直と本多正純の動向や、彼らを取り巻く状況などを、それぞれ別々にみてきたのだが、それにしても、二人のあいだには何も関連はなかったのだろうか。もちろん、それを直接的に証言する書状など残されようはずはない。そうした〝危ない〟ものは、読後ただちに処分されたはずだからである。それでも、状況証拠ながら「もしや」と思わせるような出来事はいくつか存在していた。

その一つは、忠直が、正純の改易受諾を見届けるようにして、関ヶ原から帰国していた節があることである。九月下旬まで忠直が関ヶ原にいたことは判明しているが、いつ発ったのかは必ずしもはっきりしていない。だが十月二十一日付の細川忠利書状には、忠直が越前福井城に籠もって、正室（秀忠三女勝姫《かつひめ》・天崇院《てんすういん》）に奉公する女中たちや、多数の家臣たちを成敗（手討ち）する様子が伝えられていた。つまり、おそくとも十月二十一日以前には福井城にいたことになる。そこから逆算して、つぎのような推測ができはしないだろうか。

すなわち、十月朔日に正純が改易を受諾した、という報が数日かけて関ヶ原にいた忠直のもとに届き、さらにその数日後、忠直は福井城に帰城して女中たちの成敗を始め、その情報が江戸にいた忠利の耳に入って十月二十一日にこの書状を認めた、というものである。もちろん推測の域を出るものではない。しかし、この間に要した二〇日という日数は、書状と口頭以外に通信手段がない当時にあっては、時間的にも整合性がとれるのではないかと思われるのである。

第二には、江戸に集められていた諸大名のうち、十月五日に伊達政宗《だてまさむね》・佐竹義宣、九日に上杉景勝《うえすぎかげかつ》と、東日本の諸大名に十月初旬以後続々と御暇が出て帰国していた点である（「伊達治家記録」「天英公御書写」「上杉年譜」）。この様子を細川忠利は先の十月二十一日付の書状で「東衆何れも御暇にて帰国候」と報じていたが、彼ら東日本の大名衆の在府が延長されていたのは、多分に松平忠直対策のためであった。それが、正純の改易が断行された直後に帰国が許されていたところをみると、やはり忠直と正純の何らかの関連が疑われるのである。

未曽有の大陰謀が発覚

それだけではない。このころ肥前平戸《ひぜんひらど》にあったイギリス商館の館長リチャルド・コックス（Richard Cocks）が、一六二二年十二月三十一日付（日本暦元和八年十二月十日）でイギリス東インド会社総裁トーマス・スミス（Thomas Smith）らに宛てた書翰には、驚くべき内容の記事が載せられていた。すなわち、オランダ人が大量の大羅紗《おおらしゃ》（厚地の毛織物）を売却し、それは日本で戦争勃発の噂があるためであるとする記事につづいて、

> 日本に於ける最大最強の諸侯八ないし九名によりて皇帝ションゴ様（将軍様）の一身に対する大陰謀露顕し、なお其の他の多くの諸侯も之に加担し居り、其の他の人々の内には彼自身の兄弟並びに近親者もあり、当地（平戸）の王（松浦隆信）も無関係には非ず、との噂あるを以てなり、かくて敵側著しく強固なれば、皇帝も敢えて之と事を構えず、本件を黙視し、彼らと妥協するに至るべしと覚ゆ、

と記されていた（「英国印度事務省文書」）。最有力の諸大名八、九人を中心にした反幕勢力が秀忠への謀叛を企てており、そのなかには秀忠の兄弟や近親者もふくまれている。これ

に対して秀忠は、相手がきわめて強力であるため、敢えて受けて立つことはせず、これを黙認し妥協するものと推測される、というのである。しかも、これにくわえて同日付で、やはりコックスがイギリス東インド会社第八航海司令官ジョン・セイリス（John Saris）に宛てた書翰によれば、「日本に於いては未曽有の大陰謀」が発覚しており、それに荷担する主な人々は、前田利常《まえだとしつね》・島津家久・松平忠直・伊達政宗・最上義俊・細川忠利・加藤嘉明《かとうよしあき》・南光坊天海《なんこうぼうてんかい》、そして本多正純の九人だったという（「バーチャス廻国記」）。

表1　反幕府勢力とされた諸大名

大　名	城　地	領知高
前田利常	加賀金沢	1,195,000石
島津家久	薩摩鹿児島	609,500石
松平忠直	越前福井	660,000石
伊達政宗	陸奥仙台	615,000石
最上義俊	出羽山形	570,000石
細川忠利	豊前小倉	399,000石
加藤嘉明	伊予松山	200,000石
本多正純	下野宇都宮	155,000石
合　計		4,403,500石

表1は、これら九人のうち、僧侶である天海を除いた諸大名の城地と領知高を表したものであるが、その合計はじつに四四〇万石余となる。これは前田利常ら八人が連携すれば、幕府に引けをとらない軍事力となることを意味している。「未曽有の大陰謀」が事実だったならば、将軍秀忠もこの事態を静観せざるを得ないだろう、と考えられたのも無理のないところだった。

ただ外国人の仕入れた、しかも出所の定かでない伝聞の情報なので、もちろん無批判に信用することもできない。それでも、右の九人のなかで他の人々はともかく、少なくとも将軍秀忠の「近親者」である松平忠直と、年寄本多正純の二人については、これまでみてきた状況を思い返せば、コックスの仕入れた情報が、それほど現実味の乏しいものともいえないように思われるのである。

「元和偃武」の虚像

もちろん、実際に戦争が起こったという事実はない。しかし、こうした噂が出まわること自体が重要であり、注目されるのである。なぜなら、それは戦争勃発という事態を、現実のものとして違和感なく受け入れるだけの素地が、当時の人々にあったことを雄弁に語っているからである。じっさい、このころ江戸の町では武器の注文が相次いでおり、その注文主は幕府の年寄クラスや歴々の重臣たちで、来たるべき事態のために用意しているのだと噂されていたことが、島津氏の書状に記されている（「旧記雑録後編」）。

「元和偃武《げんなえんぶ》」ということばがある。「偃武」とは武器を「ふせる」、つまり戦争状態の凍結を意味するもので、豊臣氏滅亡直後の慶長二十年（一六一五）七月、慶長から「元和」に改元されたことと相俟って、それ以後、戦乱がなくなり平和な時代となったことを象徴することばである。だがしかし、それは後世から振り返ってみたときの評価であって、少なくとも当時は、とても「偃武」などと呼べる雰囲気ではなかったのである。

本章は「越前事」から話を始めたが、このようにみてくると、それはたんに松平忠直の江戸不参といった問題ではなく、あくまでも噂の域を出ないこととはいえ、忠直の存在とその動向を核とした、元和八年（一六二二）の何ともきな臭い、戦争の勃発さえ懸念されるような、きわめて緊張感に満ちた国内情勢の全体が、じつは「越前事」の実態だったと理解できよう。

その後の松平忠直

忠直の問題は、年が明けた元和九年（一六二三）になってもくすぶりつづけていた。年初には将軍秀忠の越前への出馬も噂され、諸大名も出陣の準備にあたるなどしていたのである（「松井文書」『細川家史料』など）。だが、けっきょくは「越前の儀御心違いに相定まり」（「中川氏御年譜附録」）と、この問題は忠直の狂気ということで一応の決着をみた。隠居先として、忠直は九州・中国・四国のいずれかの地を望んだが、秀忠の決断は豊後《ぶんご》萩原《はぎわら》（現大分県大分市）へ配流というものだった（「金沢本多家所蔵文書」）。これを受けて、忠直は五月二日に越前敦賀《つるが》を出発すると、途中京都に滞在した後、同月二十六日申刻《さるのこく》（午後四時ごろ）萩原に到着した。そして剃髪して「一伯《いっぱく》」と号し、慶安三年（一六五〇）九月、萩原に近い津守村《つもりむら》において五六年の生涯を閉じたのである（「中川家記事」「越前津山松平系譜」）。

幕府は毎年二人の旗本を豊後に派遣して、忠直が死ぬまで厳重に監視したが、これは「豊後目付《ぶんごめつけ》」と呼ばれ、九州諸大名の動静監察にも一役かっていた。いっぽう忠直配流後の福井には、忠直の弟忠昌《ただまさ》が越後高田《たかだ》から五〇万石で移り、その高田には忠直の嫡子仙千代《せんちよ》（後の光長《みつなが》）が二五万石で入ることとなった（「越前津山松平系譜」）。

忠直の立場

それにしても、忠直はなぜ参勤を怠り、とくに元和七・八の両年は関ヶ原まで出ては、数ヵ月間の滞在後、帰国するという行動を繰り返したのだろうか。忠直が狂気、すなわちたんに精神を病んでの行動というのでは、およそ説明がつかないように思われるのである。

慶長十年（一六〇五）に秀忠が二代将軍となった時点で、松平忠直に将軍職や徳川宗家の家産を相続する権利は、事実上失われたといってよい。それでも、家康の後継将軍をめぐり、忠直の父秀康を推す本多正信と、秀忠を支持する大久保忠隣との対立といった逸話を持ち出すまでもなく（「東照宮《とうしょうぐう》御実紀附録」）、秀康は秀忠の兄であり、長幼の順からいっても将軍職の継承権がまったくないわけではなかった。そして、その嫡子忠直とて家康の二親等血族であり、家康との血縁という点では、三代将軍となる家光や弟の忠長とまったく遜色がなかった。

これにくわえて、やはり近世初期においては、軍事指揮能力、すなわち実際の戦場において采配を振るえる力量を持っていることも、諸大名の上に君臨する将軍にとっての不可欠な条件であった。家康はもちろんのこと、秀忠も家臣団を率いて戦場を駆け巡った経験を持っていた。しかしというか、当然のことではあるが、この点で家光はまだ何も試されてはいなかったのである。

とすれば、忠直が家光への将軍職委譲を素直に承認できなかったとしても、何も不思議ではない。まして前にも述べたが、忠直には大坂夏の陣での大きな戦功があり、みずからの持つ軍事指揮能力への自負もさることながら、その恩賞に対する幕府への不満もあったとすれば、それはなおさらのことだったと思われる。こうしたとき、家康時代には最高実力者だったにもかかわらず、家康死後、将軍秀忠との人間関係の軋轢《あつれき》が深まり、しかも西国の外様大名に対しても大きな影響力を持つ年寄（本多正純）がいたとすれば、その年寄と忠直の二人が、将軍秀忠への不満分子として結びついたとしても決しておかしなことではない。

家光は、一七歳になった元和六年（一六二〇）九月に元服し、直後に従三位大納言《だいなごん》に叙任しており（藤井譲治『徳川家光』）、将軍職の継承はもはや時間の問題であった。そして、幕朝関係がいまだ安定していないこの時期、将軍宣下《せんげ》を受けるためには、上洛は避けてとおれぬ道筋でもあった。つまり忠直とすれば、もちろん単純に江戸参勤のため福井を発ったとみることもできるが、いっぽうで想像をたくましくすれば、家光の上洛を阻止する目的で、軍勢を率いてその途上にある関ヶ原まで出向き、あたかも家光の行く手を遮るように逗留していた、とも考えられるのである。忠直が関ヶ原に逗留したのは、（連携を約束した）本多正純や他の反幕府勢力の動きを見極めるのと同時に、将軍職継承権者としての、みずからの存在を天下にアピールする、いわば最後のデモンストレーションだったのかも知れない。

再び浅間山の噴火

本書の主人公、徳川忠長がほとんど不在のまま、松平忠直の問題に長々と紙数を費やしてしまったが、ここで本章のはじめにもどり、浅間山の噴火を報じた（寛永八年〈一六三一〉）四月朔日付の細川忠利書状をもういちど思い起こしてみたい。そこには、浅間山は何か大きな合戦が起こったり、政情が不安定になると噴火していたことが報じられていた。

こうした点からすれば、忠利が「近年はやけ申さざるあさま、事の外やけ」と記した寛永八年この年も、「越前事」と酷似するような、幕府にとって由々しき事態の生じていただろうことが、その行間から読みとることができる。そして、まさにその核心にいたのが、本書の主人公である駿河大納言《するがだいなごん》徳川忠長だったのである。

確執の始まりと家臣への道

忠長論の展開

戦前の忠長に関する論説

本題に入る前に、徳川忠長に関する論説をかんたんに繙《ひもと》いてみたい。

これまで、徳川忠長を真正面にすえた研究はほとんどないといってよい。

プロローグでも述べたように、多くは江戸幕府政治の展開過程のなかで、とくに家光政権の成立との関わりのなかで間接的にふれられているにすぎず、かつ、そのなかでは忠長が改易《かいえき》された理由に関することが多く言及されてきた。古くは大正時代に黒板勝美氏が、忠長が改易されたのは、その粗暴な行動が武家諸法度《ぶけしょはっと》に抵触したもので、幕府にすれば、将軍の弟でも厳正な処分を下すことを天下に明示するねらいがあったとした（『国史の研究』各説の部、一九一八年）。

昭和初期から戦前の研究をみると、まず栗田元次氏は、元和・寛永期を「幕府の大名強圧時代で、大名にとっての恐怖時代」とし、大名を改易するために、罪状が明瞭を欠くものや軽微なものでも、それを口実とした「謂わば政治的疑獄」性の強いものもあり、忠長の改易も粗暴な行動を理由としながらも、そうした疑獄性の強い改易例の一つとして取り上げた（『綜合日本史大系』第九巻・江戸時代上、一九二七年）。いっぽう三上参次氏は、大名改易の理由をいくつかに分類して、忠長の改易を「幕府の法度に触れたもの、さなくとも嫌疑に触れたるもの」とし、秀忠は「一時は長幼の序を替えんとし」たが、結局「家光の嫡子に事なきを得」たことが忠長の「不満となり、日を逐《お》いて物事次第に物狂わしくなり、ますます政治を紊《みだ》し」た結果であるとした（『江戸時代史』上巻、一九四三年）。

これに対して池田晃淵氏は、前三者にくらべるとかなりの頁を割き、忠長の誕生から自害までを概述している。そして忠長の英邁《えいまい》・怜悧《れいり》さが、幕府にとって将来の由々しき大事をもたらすとの家光の猜疑心《さいぎしん》をうみ、家光とすれば「涙を呑み情を忍びて」高崎《たかさき》への逼塞《ひっそく》から自害に至らしめたとした（『日本時代史』第九巻、一九二七年）。

戦後の論説

戦後になると、日本近世史は封建遺制の克服という観点から、社会経済史研究が主な対象となり、幕府政治史や制度史の研究は後景に退いていた。

そうしたなかで、〝家光のライバル忠長〟という図式を定着させたのが藤野保氏である。藤野氏は、忠長が「家光にとっては、いわばライバル」であり「怖い存在だけに、忠長の改易は、家光の前からの予定行動であったにちがいな」く、家光の親政開始にあたり「家光が幕府権力強化のために、〝生まれながらの将軍〟権力を行使して改易したもの」とし、後述する「御代《みよ》始めの御法度」論の先鞭をつけた（『徳川幕閣』一九六五年）。

いっぽう忠長を全面的に取り上げた唯一の論考といえるのが、若林淳之「徳川忠長」（『大名列伝』三・悲劇篇、一九六七年）である。若林氏は忠長の経歴や様々な逸話を取り上げただけでなく、駿河《するが》の諸寺社に残る史料によって忠長の駿府《すんぷ》藩政にも言及し、忠長の施策を積極的に評価した。そして忠長の改易については、元和武家諸法度にあった「国主政務の器用を撰ぶべき事」という条項が、寛永武家諸法度の改訂に際して脱落していることに注目し、寛永段階では「もはや国主の資格を問題にする必要はなく」、忠長はその「思想的基盤をととのえるための、きわめて重要で、しかもなくてはならない無法者にされた」のであり、「デッチあげられた」と、これまでになかった視点を提供するとともに、忠長の粗暴な行動を、プロローグで述べた新井白石《あらいはくせき》と同様にまったく否定したのである。

右の忠長に関する諸々の議論は、一部で金地院崇伝《こんちいんすうでん》の『本光国師日記《ほんこうこくしにっき》』や南光坊天海《なんこうぼうてんかい》関連の文書、あるいは若林氏の駿府藩政の分析などで一次史料が使われているものの、多くは『徳川実紀』などの後世の編纂史料によるものであった。つまり、史料としての信憑性にやや欠けるという弱点があったのである。

『細川家史料』の刊行

しかし、一九六五年に肥後《ひご》熊本《くまもと》藩細川家に残る細川忠興《ほそかわただおき》・忠利《ただとし》父子の往復書状を内容別に分類した「部分御旧記《ぶわけごきゅうき》」が『熊本県史料』から、ついで一九六九年からは東京大学史料編纂所によって、やはり忠興・忠利父子の書状が『細川家史料』（大日本近世史料）として刊行されると（現在も刊行中）、編纂史料にはみられなかった数多くの新しい事実が発掘され、近世前期の幕藩政治・社会状況がかなり具体性を持って解明可能となり、幕藩政治史研究は大きく進展することとなったのである。

「御代始めの御法度」論とその後の忠長研究

こうしたなかで、朝尾直弘氏は寛永九年（一六三二）の加藤忠広《かとうただひろ》・徳川忠長の改易事件の実態を、右の細川忠興らの往復書状によって分析し（『日本の歴史一七　鎖国』一九七五年）、まず加藤の改易を「ことは家光の継嗣とともに、『御代始めの御法度』として計画的にすすめられた」とし、ついで「『御代始めの御法度』は徳川氏の外にだけ向けられたのでなく、家光の弟である駿河大納言《だいなごん》忠長の追放としても表れた」と述べ、これら二人の改易を家光の親政開始にあたり、家光の強権発動の「いけにえ」とみる「御代始めの御法度」論を展開したのである（「将軍政治の権力構造」『日本歴史』近世二、一九七五年）。

こうして、家光と忠長に関する歴史的事実や論点は出つくした感があったが、その後、筆者は不十分ながらも、本書の原型ともなる「大名改易政策の一断面」（田中健夫編『前近代の日本と東アジア』一九九五年）を執筆し、忠長の改易事件を全面的に取り上げて、二人の関係と「御代始めの御法度」論に見直しを迫った。ついで今世紀に入り、寛永期幕府政治の展開過程から忠長の改易を検討した下重清『幕閣譜代藩の政治構造』（二〇〇六年）、家光の評伝のなかで忠長の問題を詳細に分析した野村玄『徳川家光』（二〇一三年）などが刊行された。

このほかにも、二〇一一年にNHK大河ドラマ「江　姫たちの戦国」が放送されると、そのブームにのるように、啓蒙書ながら山本博文『徳川幕府の礎を築いた夫婦—お江と秀忠—』（二〇一〇年）や、福田千鶴『江の生涯』（二〇一〇年）、同『徳川秀忠』（二〇一一年）などが相ついで上梓され、秀忠夫妻だけでなく、家光・忠長兄弟の関係にも言及がなされているのである。

それらの論点については、おいおい述べていくこととして、それでは、いよいよ本題に入ることとしよう。

国松の誕生と兄弟たち

誕生

徳川忠長は、江戸幕府二代将軍徳川秀忠の三男として、慶長十一年（一六〇六）六月朔日午刻《うまのこく》（正午ごろ）、江戸城で誕生した。母は秀忠の正室お江与《えよ》の方（浅井《あざい》氏《し》・崇源院《そうげんいん》）。幼名は国松《くにまつ》（または国千代《くにちよ》）とつけられた。そして国松が生まれると、諸大名は祝儀の品の献上と御礼のため続々と江戸城に登城した（「慶長見聞録案紙」）。

誕生直後の国松は固めながら大便は通じたものの、その後、小便が二日ほど出なくなり、そのため医師曲直瀬道三《まなせどうさん》（玄朔《げんさく》）によって通心湯・五苓散・車燈草などの薬が処方されると、六月八日になってようやく小便も通じたとされる。このように、国松はかならずしも健康な状態で生まれたわけではなかったが、それでも、九月二十日には宮参りをすませているので、その後は無事に成長していったようである（『医学天正記《いがくてんしょうき》』『幕府祚胤伝《ばくふそいんでん》』）。

国松の兄弟

国松には兄二人と弟が一人いた。長兄は『幕府祚胤伝』によれば、慶長六年（一六〇一）十二月三日江戸城で誕生し、父秀忠の幼名と同じ長丸《ちょうまる》とつけられたが、翌七年九月二十五日、満一歳の誕生日を迎えることなく死去したとされる。いっぽう『言経卿記《ときつねきょうき》』『鹿苑日録《ろくおんにちろく》』では、長丸の死亡年月を慶長六年九月としており、『幕府祚胤伝』とは大きな齟齬がある。よって長丸については、誕生日もふくめて再検討の余地があるのだが（福田千鶴『江の生涯』）、これは本書の主題ではないので、ここでは記すだけにとどめておく。母は『徳川幕府家譜』に「家女」とだけある。

図６　徳川家光（堺市博物館所蔵）

次兄は、いうまでもなく後に三代将軍となる家光である。家光は慶長九年七月十七日四ツ時

(午前一〇時ごろ)、江戸城の西の丸で生まれた。母はお江与の方で、幼名は祖父の家康と同じ竹千代《たけちよ》とつけられた。国松よりは二歳年上となり、長丸が早世していたので、竹千代が実質的に秀忠の長男となった(『当代記』『源敬様御代御記録《げんけいさまごだいごきろく》』)。

弟の保科正之《ほしなまさゆき》は慶長十六年五月七日、武蔵足立郡大牧村《むさしあだちぐんおおまきむら》で誕生した。生母はお江与の方ではなく静《しず》(浄光院《じょうこういん》)といい、秀忠の乳母である大姥《おおうば》の局《つぼね》(岡部氏《おかべし》)に奉公していたとき、秀忠の寵を受けて正之を生んだ。幼名は幸松《こうまつ》とつけられ、元和三年(一六一七)信濃《しなの》高遠《たかとお》城主(二万五〇〇〇石)保科正光《まさみつ》の養子となり、寛永八年(一六三一)に保科家を継ぐと、同十三年出羽山形《でわやまがた》二〇万石、ついで同二十年に陸奥会津《むつあいづ》二三万石とうつり、後の会津松平家の祖となった(小池進『保科正之』)。

このほか、国松には、豊臣秀頼《とよとみひでより》に嫁ぎ、秀頼没後は本多忠刻《ほんだただとき》に再嫁した千《せん》(天樹院《てんじゅいん》)、前田利常《まえだとしつね》室となった子々《ねね》、松平忠直室となった勝《かつ》(天崇院《てんすういん》)、京極忠高《きょうごくただたか》に嫁いだ初《はつ》、後《ご》水尾《みずのお》天皇の皇后で明正《めいしょう》天皇を生んだ和子《まさこ》(東福門院《とうふくもんいん》)など五人の姉妹がいた(プロローグの略系図参照)。

なお、以降の家光と忠長おのおのの呼称については、原則として二人の諱《いみな》が決まる以前は幼名の竹千代と国松を使用することとする。

最初の家臣

国松が誕生すると、加藤保次・内藤政吉《ないとうまさよし》・天野清宗・大河内金七郎らが国松の守役《もりやく》に指名された（「慶長見聞録案紙」）。大河内金七郎のみはっきりしないものの、それ以外の人々はみな秀忠に仕えた旗本《はたもと》である。これら守役のうち、内藤政吉はいわゆる関東総奉行《かんとうそうぶぎょう》をつとめた内藤清成《きよなり》の二男で、兄の忠重《ただしげ》は後に家光のもとで年寄《とし より》となっている。天野清宗は、三河三奉行《みかわさんぶぎょう》の一人天野康景《やすかげ》の甥にあたり、大河内金七郎は家康の側近で後に勘定頭《かんじょうがしら》をつとめた松平正綱《まつだいらまさつな》の弟である。このように国松の守役は、傍系とはいうものの、幕府重臣の子弟から選ばれていた。なお大河内金七郎の甥は、竹千代の小姓をつとめ後に老中となった松平信綱《のぶつな》である。

また、小姓として、はじめ永井主膳・秋田三平・橋本吉平らが、ついで伊奈忠雪《いなただゆき》・佐野三四郎の二人が国松につけられた。兄の竹千代にも小姓がつけられていたが、多くは旗本の二、三男で、その人選に特定の意図はなかったとされる（藤井讓治『徳川家光』）。国松の小姓の場合、後に述べるように、忠長が改易されたとき、その家臣たちもみな召放《めしはな》ちとなっており、後に赦免された伊奈忠雪が関東郡代《かんとうぐんだい》伊奈忠次《ただつぐ》の五男だったことが知れるのみで、その他の人々の系譜はおよそ確認できない。おそらくは、国松の小姓の選抜も家光の場合と大きな違いはなかったものと思われる。守役の加藤保次や小姓の永井主膳らは、いわば国松の最初の家臣たちで、国松は彼らから「国松様」とか「御国様」と呼ばれていた（「慶長見聞録案紙」『寛政重修諸家譜』『寛永諸家系図伝』）。

ところで、国松への守役や小姓の付属を記した「慶長見聞録案紙」は、竹千代のそれと同じ慶長十一年（一六〇六）十二月八日条に載せている。しかし『寛政重修諸家譜』内藤政吉の譜ではこれを慶長十二年の「のち」とし、同じく伊奈忠雪の譜では同十四年のこととしている。くわえて竹千代と国松の二歳の年齢差を考慮すれば、国松に守役などがつけられたのは竹千代と同じ時ではなく、もう少し後の慶長十三、四年ごろとみるのが妥当のように思われる。

兄竹千代との世継争い

確執の始まり

竹千代が生まれると乳母《めのと》として稲葉福《いなばふく》、後の春日局《かすがのつぼね》がつけられた。これに対して、通説では国松には乳母がつけられず、お江与の方みずからが乳を与えて育てたとされている。

そのためだろうか、秀忠夫妻の愛情は弟の国松一身に注がれたとされる。これを直接物語る一次史料はない。ただ、竹千代の乳母春日局みずからの筆と伝えられ、寛永十六（一六三九）年か十七年ごろに成立したとされる「東照大権現祝詞《とうしょうだいごんげんのりと》」に、

そうげんいんさま《（崇源院）》、君《（家光）》をにく《（憎）》ませられ、あしく《（悪）》おぼしめすにつき、たいとくいんさ《（台徳院＝秀忠）》まも、おなし御事に、二しん《（親）》ともににくませられ、

図７　春日局（狩野探幽筆，麟祥院所蔵）

とあるように、お江与の方は竹千代を「にくませられ、あしく」思っていたので、いきおい父の秀忠も同じ気持ちになり、竹千代は両親から憎まれていた、と春日局は書いている。

「東照大権現祝詞」は、竹千代らの幼少時代からすれば後年の成立ではあるが、当事者の作成という意味では一次史料に準ずる価値を認めることができる。ただ、その主題は、家康の加護によって竹千代が将軍となったこと、言い換えれば、神となった東照大権現家康の恩徳が、いかに竹千代に厚かったかを強調することにある。したがって、竹千代が秀忠夫妻に疎《うと》まれる構図となるのはある意味しかたなく、そのあたりを差し引いて読まねばならない。

なお、国松の乳母については、その存在を記す有力な史料もあり（『福原家文書』『オランダ商館長日記』）、まったくお江与の方一人が国松に乳を与えていたわけではなかった。おそらくは、兄の竹千代とは異なり、国松の生育はお江与の方みずからの手でなされてはいたものの、その乳の不足を補うために、国松にも乳母がつけられていたということなのであろう。

対等に遇される兄弟

長幼の序を重視する武家社会の慣習からすれば、通常は兄の竹千代が秀忠の世継、すなわち将軍職を継ぐ者として、何事も優先して育てられるのが自然であろう。しかし、竹千代と国松の場合はそうではなく、まったく対等な兄弟として扱われることが多かったようである。

たとえば慶長十六年（一六一一）十月、鷹野《たかの》（鷹狩）のため駿府《すんぷ》から関東に下向した家康は、同二十四日、江戸城本丸に渡御《とぎょ》した。その際、家康は大門まで将軍秀忠に迎えられると、ついで竹千代と国松に左右の手を取られながら御座の縁上に着座し、その後お江与の方とも対面した（『駿府記』）。ここにみられるのは、竹千代と国松の二人の孫を同じように扱う祖父家康の姿である。また同十九年正月五日には、江戸城本丸南殿において家康・秀忠夫妻が臨席し女中衆も見物するなかで、高砂《たかさご》・百万《ひやくまん》・善界《ぜがい》などの能三番を演じたのは竹千代ではなく、このとき数え年わずか八歳の国松であった（『駿府記』）。

諸大名の対応も、竹千代と国松のどちらかを世継とみなして、はっきりと区別することもなかった。慶長十五年、阿波徳島《あわとくしま》の蜂須賀《はちすか》家で準備した重陽祝儀の注文書では、家光が

「竹千代様」と様付けで呼ばれたのに対して、忠長は「おくに」と敬称はないものの、二人とも祝儀の呉服は同額の「二つ」であった（「蜂須賀家文書」）。また同十八年四月十四日、加賀《かが》金沢《かなざわ》城主前田利長《としなが》（一一九万五〇〇〇石）が病気の弁明ために使者を派遣した際、利長は家康や秀忠らに進物を献じていたが、このとき竹千代と国松には同額の金五〇枚ずつが進上されていた（『当代記』）。

このように、幼少期の竹千代と国松は、およそ長幼の序とはほど遠い、対等な兄弟として同列に扱われ育てられていたのである。もし長幼の順が守られ、秀忠夫妻が忠長を偏愛していなかったとしたら、さすがに春日局も右の「東照大権現祝詞」に、事実をまげてまでも、家光のことを「二しんともににくませられ」などとは書けなかったに違いない。とすれば、やはり秀忠夫妻がより忠長を寵愛したことは、事実とみて間違いないように思われる。そしてこれらのことは、かならずしも兄の竹千代が秀忠の世継とは決まっていなかったことを、はからずも物語っているのである。

根暗な竹千代と利発な国松

ところで、慶長十九年（一六一四）正月に国松が兄をさしおいて能三番を演じていたことにふれたが、このことは二人は対等というよりも、むしろ国松のほうが厚く処遇されていたとみなすこともできる。

というよりも、竹千代がその場にいたにもかかわらず、竹千代ではなく国松が能を演じていたとすれば、それは国松がより厚遇されていたという以上に、国松のほうがより聡明で、利発な子どもだった可能性もうかがわせる。これに関しては、江戸時代後期の編纂になり、江戸城の紅葉山文庫《もみじやまぶんこ》に伝来した『松のさかへ』という書物に収録された、徳川家康がお江与の方に宛てたとされるいわゆる「訓戒状《くんかいじょう》」にも、「国事《くにこと》（忠長）は一体発明の生まれに付きて、重畳《ちょうじょう》の事」とあり、祖父家康でさえもが国松の利発さを認めていた。ただ、この「訓戒状」は家康の自筆ではなく、江戸後期の儒学者が家康に仮託して書いたものとする説もあり（山本博文『徳川幕府の礎を築いた夫婦―お江と秀忠―』）、無条件に信用することもできないのだが、それでも二次史料としての価値は持っている。

いっぽう、歴史学者でもある旗本木村高敦《きむらたかあつ》によって編まれたとされる『武野燭談《ぶやしょくだん》』（宝永六年〈一七〇九〉成立）には「家光公未だ竹千代君と申し奉りし頃は、御内気に渡らせ給ひ、御詞《ことば》少かりしとかや」とあり、また天下のご意見番として知られる大久保忠教《おおくぼただたか》（彦左衛門《ひこざえもん》）のみるところによれば、将軍になる前の竹千代は、口数も少なく人に言葉をかけることもほとんどなかったので、なかなかその心中を察することができず、周囲からは将軍になることも懸念されていたという（『三河物語』）。こうした姿からは、竹千代が実際に持っていた武将・天下人としての資質や力量はともかく、少なくとも外見的には聡明活発な様子をうかがうことはできない。いわば竹千代は口数の少ない、今でいう根暗な子どもだったのである。もっとも、これを記した大久保忠教の意図は、松平氏中興の祖で家康の祖父でもある松平清康《きよやす》に、家光が生き写しだったことを述べたかったのであって、竹千代が凡庸だといいたかったわけではないのだが。

いずれにしても竹千代のこうした様子は、秀忠夫妻やその周囲の家臣たちはもちろん、弟の国松も子どもなりに実感していたに違いない。そして幼い国松の心にはこう刻まれたかも知れない。〝自分は兄よりも有能である〟と。

将軍職をのぞむ国松

幼少期における竹千代と国松にそそぐ両親の情愛の違いや、ある意味長幼の序を無視したような育て方、さらには国松の兄に対して抱いたであろう思いは、秀忠の世継の座をめぐって、二人のあいだに軋轢《あつれき》をうむ根本的な原因となった。そして、その様子を「東照大権現祝詞」はつぎのように記している。

こゝにするが大なごんどの(駿河大納言殿＝忠長)たま〳〵神こく(神国)にうまれて、仏神のみやうけん(冥見)をもわきまへたまはず、ほしいまゝに君(家光)にぎやく(逆)なるむね(旨)をもよほし、そしそうりやう(庶子惣領)をつぎ(継)たまふべきとたくみたまふ事、いかでか神りよ(神慮)天とう(天道)にかなはんや、ごんげんさま(権現様＝家康)ふしぎの御しんばつ《神罰》にておのづからめつ《滅》したまへり、されば大なごんどの君にてきたい《敵対》たまふところお《を》、ごんげんさまこれをたいじ《退治》なされ候

すなわち、春日局は、忠長は神国に生まれたにもかかわらず、仏神の冥見（神仏が見守っていること）をもわきまえずに、意のままに家光に逆意をいだき、庶子なのに惣領を継ごうと企んだ。どうしてこれが神慮・天道に叶うだろうか。忠長が家光に敵対し、そして自滅していったのは、東照大権現家康が神罰をくだし退治した結果なのだ、というのである。

　忠長の家光に対する逆意が神慮・天道に叶っていないとか、忠長は家康の神罰に当たり退治されたなど、ここには春日局個人の強い思い入れが込められている。しかし、それらを差し引いても、忠長が家光の将軍職継承によい感情を持っていなかったのは間違いないところであろう。繰り返しになるが、幼少から両親の情愛を一身に受け、しかも能力的にも自分の方が優れているとの自負があったとすれば、忠長がこうした思い、すなわち自分こそが世継にふさわしいとの思いをいだくようになったのも、それはそれで無理ないところだったかも知れない。

しかし、けっきょく秀忠の世継は誰もが知るように兄の竹千代に決まった。

世継の決定

このいきさつを語る逸話が、「東照大権現祝詞」をはじめとして、プロローグでみた新井白石の『藩翰譜《はんかんふ》』、春日局の孫で老中《ろうじゅう》をつとめた稲葉正則《いなばまさのり》が貞享三年（一六八六）に幕府に提出した「春日局譜略」、『武野燭談』『落穂集《おちぼしゅう》』（享保十二年〈一七二七〉成立）などに収められている。それぞれの内容については、家光に関連する多くの書物に紹介されているので、ここではあえて記すことはしないが、これらの逸話に共通することは、徳川家の世継は竹千代であるという大御所《おおごしょ》家康の意向、あるいはあからさまな態度が示され、それが秀忠（夫妻）にきわめて大きな影響を与えることとなり、世継の決定につながったということである。

秀忠やお江与の方にすれば、みずからの意思で世継を決められないのは不満だったかも知れないが、それだけ家康の権威や影響力が強大であり、その家康の意思に背くことはさすがにできなかったものと思われる。いっぽう家康にしてみれば、徳川の世が永続することを願ったとき、これまでの戦国時代的な能力主義によるよりも、長幼の序に基づいた長子相続を優先した方が、竹千代以後においてもより混乱のない将軍職の継承がなされ、ひいては世の中に安定と秩序がもたらされると考えたのであろう。

では、世継が竹千代に決まったのはいつごろのことだろうか。この点を詳細に分析した藤井譲治氏は、その著『徳川家光』のなかで「『武野燭談』「春日局略譜《（ママ）》」の記述、「東照大権現祝詞」の記事、竹千代の上洛・元服をめぐる以《い》心崇伝《しんすうでん》の書状、これらは相互に大きく矛盾することはなく、家康が将軍家の世継を家光に定めたのは、これらの諸点から大坂夏の陣のあとの元和元年末であったと結論することができよう」とされている。藤井氏は、一次史料をふくめた多くの史料をつきあわせて検討しており、元和元年末の世継決定という結論を本書も支持したい。

竹千代の生母はだれか

本節を終えるにあたり、本書を『徳川忠長―兄家光の苦悩、将軍家の悲劇―』と銘打っている以上、避けて通れぬ問題にふれてみたい。それは、福田千鶴氏によって提起された、竹千代の生母をめぐる問題である。

すなわち福田氏は、『江の生涯』（二〇一〇年）『徳川秀忠』（二〇一一年）と相次いで上梓した著作のなかで、竹千代の生母はお江与の方ではなかったとし、つづく『春日局』（二〇一七年）において、生母は竹千代の乳母である春日局だとされた。じつはこの説は、福田氏も認めるように江戸時代から流布しており、目新しいものでも、まして福田氏独自の説というわけでもないのだが、氏はいくつもの傍証をあげて、きわめて積極的にその補強・確定をはかったのである。たしかに本書でも述べたように、秀忠夫妻とくにお江与の方が竹千代を憎み国松を寵愛したことや、幼少時代の対等な処遇、世継をめぐる二人の確執などを思い起こしたとき、この説は、それらの理由がなるほどそういうことかとすっきりと合点がいく、まことに魅力的な説ということもできる。

詳細は右にあげた福田氏の一連の著作をお読みいただきたいが、氏が自説を強調する根拠の核心は、『幕府祚胤伝』『徳川幕府家譜』などが慶長七年（一六〇二）七月の生まれとする、竹千代のすぐ上の姉である初姫の誕生月について「江（お江与の方—筆者注）が慶長八年に上洛し、七月に初を伏見《ふしみ》で出産したことは動かない。ここが重要な点である」とし、「初を生んだ一年後の同じ月に、次の子を生めるだろうか」というものである（『徳川秀忠』）。「次の子」とはもちろん竹千代である。

家光・忠長兄弟の実母はお江与の方

生めるか生めないか、この点についてははっきりいって筆者にはわからない（現代では、双子でない同級生の兄弟姉妹は存在するが）。しかし、医療技術・栄養事情ともに現代とは明らかに劣る当時にあっても、決して「生めない」とはいえないところに、この根拠の脆弱さがあるように思われる。氏は『春日局』のなかで、この点をふくめた一〇ほどの根拠を列挙しているが、残念ながらこれらはあくまで傍証にすぎない。また、家光の母を春日局とする直接の根拠も、前にふれた『松のさかへ』に収録された家康の「訓戒状」と、臼杵《うすき》稲葉家に伝わる『御家典系』であり、氏自身もこれらが「いずれも近世後期の編纂史料」と認めるように、二次史料であることは否めず、その信憑性にはやはり疑問が残るのである。

くわえて福田氏は、武家社会の相続慣行では「長男が庶出子で嫡出子の弟がいた場合には、弟に正嫡としての家督相続の優先権が与えられる」と主張する（『春日局』）。この点について、山本博文氏は「もし家光がお江の子でないとしたら、お江は堂々と正室の子として忠長を跡取りの座に据えることができ、それについて家康が文句を言うことはなかった」としている（『徳川将軍15代』）。つまり家光も忠長も、ともに正室お江与の方の子だったからこそ家康が口出ししたのであり、山本氏の所論はまさに正鵠《せいこく》を射たもので、筆者もこの見解を支持するものである。

江戸幕府初期の将軍家の内情や、将軍職継承の実態に見直しを迫る魅力的な課題に、果敢に挑んだ福田氏の姿勢は敬服にあたいする。しかし、竹千代の実母がお江与の方ではなく、かつ春日局であるとする決定的な証拠がない現状では、残念ながら今のところは通説に従うしかない、とするのが本書の立場である。

親藩大名へ

はじめての領地

元和二年（一六一六）九月十三日、甲斐国《かいのくに》において国松にはじめての領地が与えられた。ただし甲斐一国が与えられたわけではなく、その規模は一八万石（『幕府祚胤伝』）とも二〇万石（『恩栄録《おんえいろく》』）ともされている。いずれにしても、この所領を拝領したことの持つ意味は重要で、これによって、国松の将軍への道はほぼ閉ざされたといってよく、これ以後、叔父の徳川義直《よしなお》・頼宣《よりのぶ》・頼房《よりふさ》ら後の三家と同様、国松は将軍家の臣下としての道を歩むこととなったのである。

元和四年正月十一日には、甲斐一国二三万石余が国松に与えられた（『源敬様御代御記録』「元寛日記」『東武実録《とうぶじつろく》』など）。国松が一二歳のときで、これにより国松はいわゆる国《くに》

図８　甲府城（甲府市産業部産業総室観光課提供）

持《もち》の親藩大名となったのである。ただし甲府《こうふ》城に入ったという事実はなく、その後も国松が藩主として通常の形で甲斐に入国することは一度もなかった。後にみるように、国松が甲斐にはじめて入ったのは、皮肉にも甲府に謹慎することとなった寛永八年（一六三一）五月のことであった。

元和八年八月になると、新たに信濃佐久郡《さくぐん》小諸《こもろ》領で七万石が加増された。これは、それまで小諸城主だった仙石忠政《せんごくただまさ》が、同国上田《うえだ》に転封《てんぽう》されたことによるもので、こうして、この元和八年の時点で、忠長の領知高は都合三〇万石余となったのである（『幕府祚胤伝』『御当家紀年録』『寛政重修諸家譜』）。

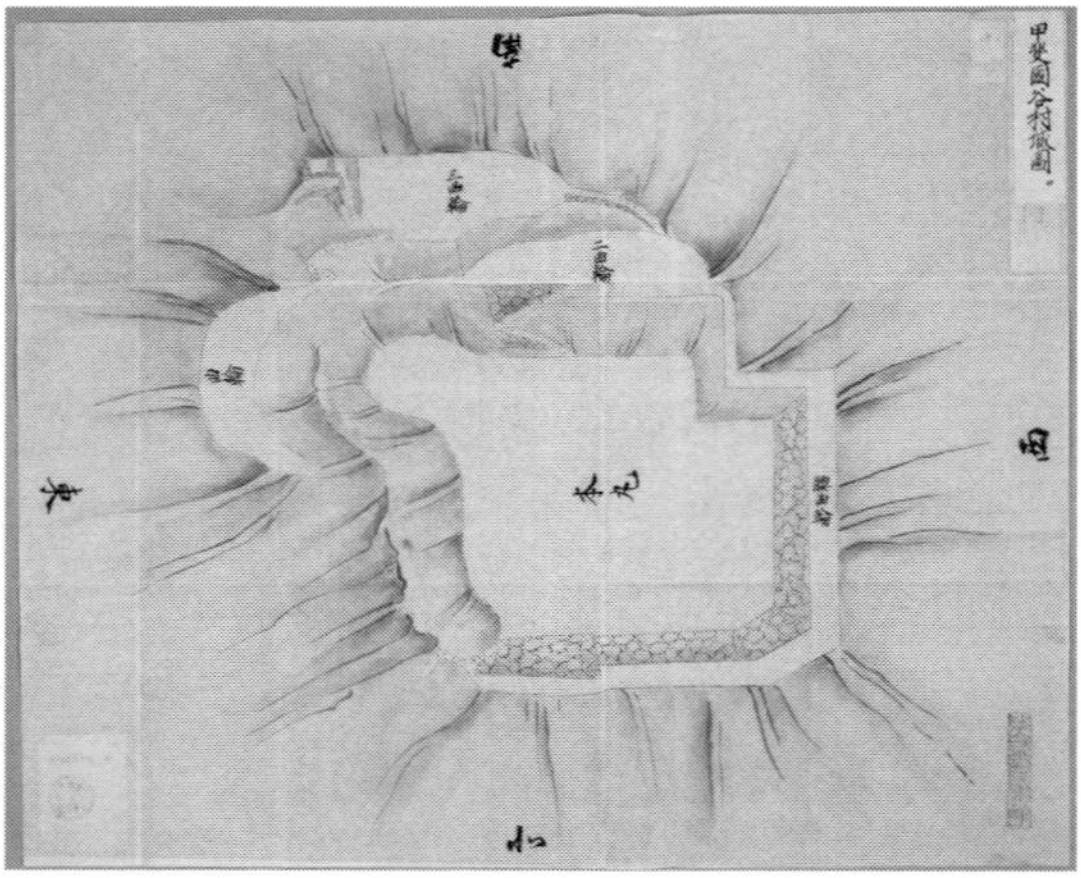

図９　甲斐国谷村城図（国立国会図書館所蔵）

鳥居成次と朝倉宣正の付属

国松が最初に甲斐で所領を拝領したのと同じ元和二年（一六一六）九月十三日、鳥居《とりい》成次《なりつぐ》と朝倉宣正《あさくらのぶまさ》の二人が、秀忠の指示によって国松の家老となった（「元和年録」『御当家紀年録』）。いわゆる「付家老《つけがろう》」と呼ばれるものである。

鳥居成次は、関ヶ原の戦いのとき伏見城を預かり討ち死にした鳥居元忠《もとただ》の二男として、元亀元年（一五七〇）に生まれた。幼少から家康に仕えて関ヶ原の戦いにも従軍し、その翌年慶長六年（一六〇一）、父元忠の武功によって得た甲斐郡内《ぐんない》（現山梨県都留郡）において一万八〇〇〇石を賜り谷村《やむら》城主となった。その後七〇〇〇石を加増され、同八年には従五位下土佐守《とさのかみ》に叙任した。元和元年の大坂夏の陣では敵の首二八級を獲、翌年四月の家康の死後から秀忠に仕え、その命によって国松の家老となったのである（『寛永諸家系図伝』『寛政重修諸家譜』）。『藩翰譜』によれば、忠長は日常の振る舞いに粗暴なところがあり、秀忠の意に叶わぬこともあったため、成次も日夜心を痛め、あるときは穏やかに教え諭し、またあるときは顔色《がんしょく》を犯して諌めることもあったという。

朝倉宣正が出た朝倉氏は、越前一乗谷《えちぜんいちじょうだに》の戦国大名朝倉氏の本家筋にあたる由緒ある家系であり、宣正はその嫡流朝倉在重《ありしげ》の長男として天正元年（一五七三）に駿河柿嶋《かきしま》（現静岡市葵区）で生まれた。同十八年の小田原《おだわら》の陣のときから秀忠に仕え、二〇〇石を拝領してはじめ大番《おおばん》に列した。関ヶ原の戦いでは秀忠に供奉《ぐぶ》し、上田城攻めでは刈田奉行《かりたぶぎょう》、その後、いちじ堺政所《さかいまんどころ》もつとめて堺の行政にあたり、慶長九年大番組頭《くみがしら》、翌十年には使番《つかいばん》に転じた。国松に付属した直後の元和二年十二月には、従五位下筑後守《ちくごのかみ》に叙任し、家老となった時点では二六〇〇石だったが、元和五年に三〇〇〇石、同八年に四〇〇〇石が加増されていた（『寛永諸家系図伝』『譜牒余録』『寛政重修諸家譜』）。

付家老

付家老とは、家康が自分の子どもたちを大名に取り立てる際、老練な家臣を彼らの輔導・後見役として付属させたもので、秀忠もこれに倣ったのである。付家老は将軍からみれば陪臣《ばいしん》ではあるものの、一般の大名家の家老とは権限・格式

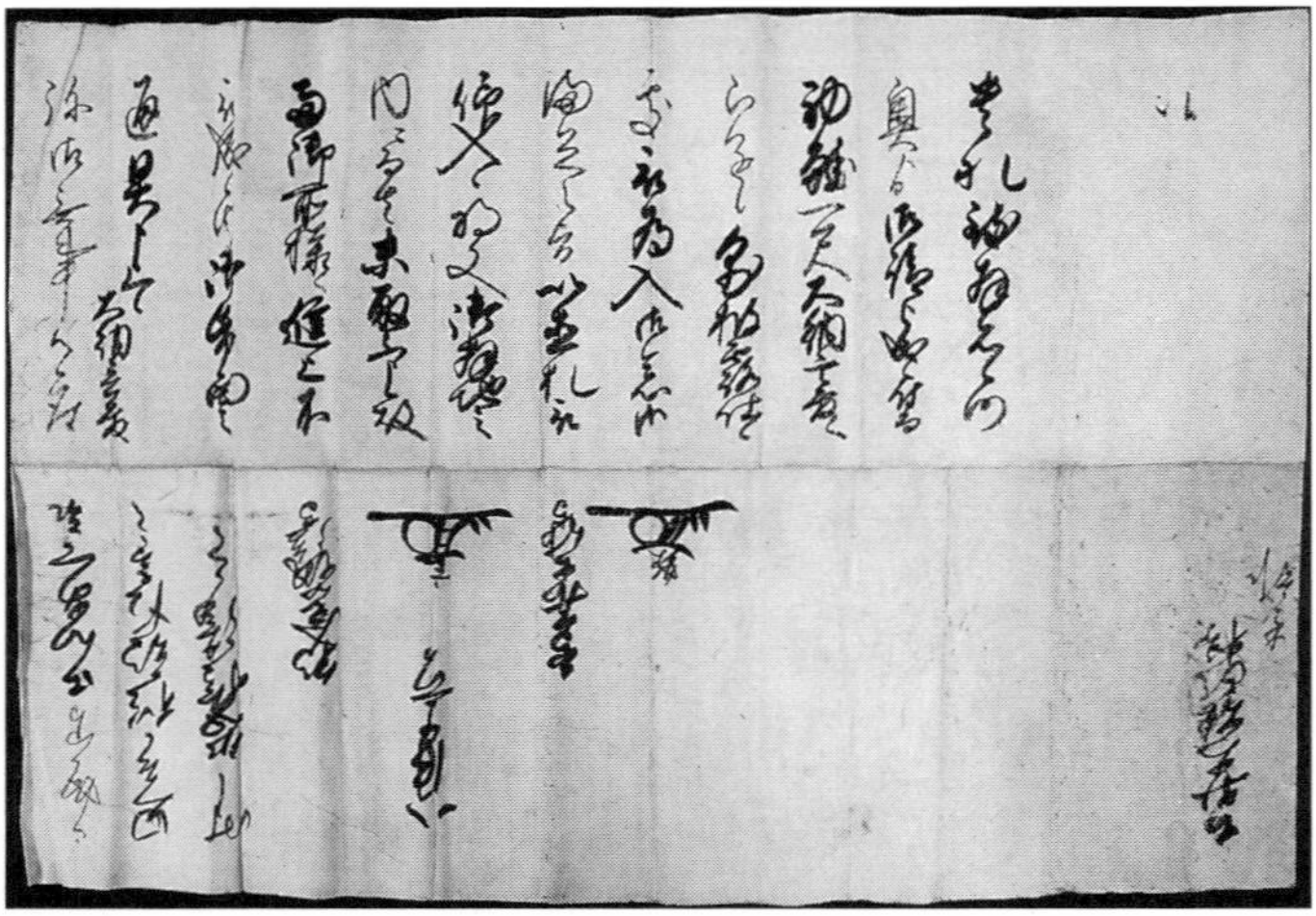

図10　8月16日付朝倉宣正・鳥居成次書状（「鷹見家歴史資料」古河歴史資料館所蔵）

ともに大きな違いがあった。たとえば家康の六男の忠輝《ただてる》には皆川広照《みながわひろてる》、九男の義直には成瀬正成《なるせまさなり》・竹越正信《たけのこしまさのぶ》、一〇男の頼宣には安藤直次《あんどうなおつぐ》・水野重央《みずのしげなか》、一一男の頼房には中山信吉《なかやまのぶよし》がつけられており、なかでも成瀬・竹越・安藤の三人は、家康の大御所政治を駿府年寄衆として支えた人々でもあった。また皆川広照を除いた五人の家は、江戸時代を通じても「付家老五家」として別格に位置づけられていた。

　右にみたように、鳥居成次は関ヶ原の戦いや大坂の陣などに従軍し、とくに大坂夏の陣では敵の首二八級を獲るなど武功に秀でた家臣であった。いっぽうの朝倉宣正は、堺政所や使番といった役職にも就いており、領国統治における実務的な指導力も期待されていたものと思われる。国松の家老となった時点で、成次は四七歳、宣正は四四歳と、一〇歳の幼君を輔導するには十分に経験をつんだ年齢でもあった。親藩大名としての忠長の行く末を考えたとき、この二人の付属はそれなりにバランスのとれた人事だったといえよう。

家臣団の拡充

二人の家老がおかれた二日後の九月十五日、一挙に五五人の家臣が国松につけられた。この日、松平忠勝《ただかつ》・本多貞久《さだひさ》ら幕府大番組から選抜された旗本五五人が、太刀折紙《たちおりがみ》をもって秀忠に御目見《おめみえ》し、忠長への奉公を命じられたのである（「元和年録」「台徳院殿御実紀《たいとくいんでんごじっき》」）。この五五人のうち『寛政重修諸家譜』によって系譜が確認できる者は四〇人で、そのうち父・祖父の代に武田家の家臣だった者や、本人が甲斐国内に領地を持つ者が半数の二〇人おり、この選抜は国松の所領に関係の深い、いわゆる甲州系の家臣を中心になされていたことがわかる。

またこれと同じ日、それまで甲府城の守衛にあたっていた山高信俊《やまたかのぶとし》・青木信安《あおきのぶやす》・津金胤次《つがねたねつぐ》ら武川衆《むかわしゅう》・津金衆《つがねしゅう》・七九衆《しちくしゅう》からも、十数人が国松に付属することとなった（「元和年録」）。これらの人々は、甲斐巨摩郡《こまぐん》武川筋や八ヶ岳《やつがたけ》山麓の津金地方を本貫《ほんがん》の地とする、きわめて同族的結合の強い土豪的武士団で、もともと武田家《たけだけ》に属していたが、その滅亡後に家康に臣従して様々な軍役《ぐんやく》をつとめていた。

ところで同じ九月十五日、竹千代にも六一人の旗本が家臣としてつけられていた。ただし、それは大番組からではなく書院番《しょいんばん》や花畑衆《はなばたけしゅう》（小姓組番《こしょうぐみばん》）から選ばれた人々であった（『東武実録』「元和年録」）。大番組は天正十八年（一五九〇）に成立した、幕府ではもっとも古い旗本部隊である。もともと家康の身辺を警護する親衛隊として組織されたものだったが、慶長十二年（一六〇七）に家康が駿府に移住したころから、江戸城や駿府城の守衛のほか伏見城の在番《ざいばん》（警備）もつとめるようになり、家康死後は伏見城（元和四年〈一六一八〉まで）・二条城・大坂城など幕府直轄城郭の在番が主な任務となっていた。

いっぽう書院番・小姓組番は、秀忠が将軍となった慶長十年ごろに、秀忠の親衛隊として編成された旗本部隊であった。それゆえ、秀忠との主従関係は、大番組よりも圧倒的に書院番などの方が濃密であった。つまり秀忠とすれば、そうした性格の異なる部隊に属する家臣を、意図的に竹千代と国松に別々につけることで、二人の嫡庶の別をはっきりとさせる意図があったのかも知れない。

元和八年八月に忠長が小諸領を拝領した際、屋代秀正《やしろひでまさ》・忠正《ただまさ》父子、三枝昌吉《さいぐさまさよし》・守昌《もりまさ》父子らも忠長につけられていた。これらの人々も、やはり武田家の遺臣で甲斐巨摩郡に所領を持ち、武田勝頼《かつより》の滅亡後に徳川家に仕え、上田城攻めや大坂の陣で秀忠に供奉し、戦功をつんだ経験豊富な者たちであった。そして忠長に付属すると小諸城代《じょうだい》を命じられ、屋代秀正が元和九年に、三枝昌吉が翌寛永元年（一六二四）に死去するものの、子の忠正が一万石を、守昌が一万五〇〇〇石を知行するなど、後の駿府藩でも有力な家臣となっていた（『東武実録』『寛政重修諸家譜』「駿河分限帳」）。

甲斐・小諸の経営

甲斐国二四万石は、慶長八年（一六〇三）十二月から家康の第九子五郎太丸《ごろうたまる》（後の義直）の所領となっていたが、同十二年閏四月に五郎太丸が尾張清洲《おわりきよす》六二万石に移ると、その後は幕府の直轄領となり、勘定頭大久保長安《おおくぼながやす》配下の代官衆によって支配されていた。また甲府城は武川衆・津金衆の一二騎とともに、武田家遺臣の桜井信忠《さくらいのぶただ》・小田切昌吉《おだぎりまさよし》らが守衛し、慶長十六年の桜井らの死後、大坂冬の陣では諏訪藩主の諏訪頼水《すわよりみず》が、いちじ城番をつとめたりもした（『当代記』『幕府祚胤伝』『寛永諸家系図伝』）。

甲斐国および小諸領が忠長の所領になっても、前述したように忠長が甲府に入国したことは一度もなかった。それゆえ都留郡《つるぐん》には谷村城主の鳥居成次が、甲府城には朝倉宣正が、小諸城には屋代・三枝両氏が置かれ、それぞれ分割支配したとされる。ただ朝倉が甲府城に入っていたか否かは確証がない。また甲府城の守衛は引き続き武川衆・津金衆などがつとめたが、新たに忠長の家臣団を構成した大番衆も、交代で在番にあたっていたものと考えられる。そして甲府町奉行には渡辺定正《わたなべさだまさ》と竹川監物《たけかわけんもつ》が、治安維持にあたる盗賊方に野口民部・小野次郎右衛門らが任命されたとするが（『甲斐国志』『甲府市史』）、具体的なことはわかっていない。

村方の支配については、主として河内《かわうち》領（八代郡《やつしろぐん》・巨摩郡南部）を秋山正甫《あきやままさやす》・大野元貞《おおのもとさだ》（元和七年〈一六二一〉死去）らが、国中《くになか》から信濃佐久郡（小諸領）にかけてを岩波道能《いわなみみちよし》・平岡千道《ひらおかちみち》らが管轄し、年貢・諸役の徴収のほか新田開発とそれに伴う検地、百姓の還住《げんじゆう》といった諸政策を行なっていた。秋山らはいずれも大久保長安配下の代官衆で、忠長の甲斐拝領後に家臣となった人々である（『甲府市史』『佐久町誌』『信濃史料』『寛政重修諸家譜』など）。なお、忠長の財政が幕府から自立していたとは考えられず、その直轄領から徴収された年貢米などは、いったんは幕府財政に組み込まれていたものと思われる。

さて、この間の元和三年（一六一七）十一月二十一日、竹千代は居所を江戸城本丸から西の丸に移した（『幕府祚胤伝』「元和年録」）。これは、竹千代が将軍家の世継であることを視覚的に示したものとされるが（藤井譲治『徳川家光』）、同時に秀忠は、弟国松が親藩大名として自立するための準備もすすめていった。

名乗の決定と官位叙任

元和六年八月二十二日、国松は従四位下右近衛権中将《うこのえごんのちゅうじょう》に叙任し、同時に参議《さんぎ》に任じられることになった（『源敬様御代御記録』『藩翰譜』）。しかし、まだ朝廷からは位記《いき》や宣旨《せんじ》といった叙任文書は発行されなかった。なぜなら、そうした文書は幼名のままでは作成されず、実名である名乗《なのり》（諱《いみな》）が必要となるからである。

むかえた九月五日、当時江戸にいた京都南禅寺金地院《なんぜんじこんちいん》の住職崇伝《すうでん》は、江戸城に召され、土井利勝《どいとしかつ》・本多正純《まさずみ》ら四人の年寄衆から、竹千代と国松の名乗を考案するよう命じられた。兄の竹千代も依然として幼名のままだったのだが、崇伝は即日竹千代に「家忠」、国松には「忠長」という候補を幕府に提出した。これらは秀忠の御意に入り、竹千代の任官のために江戸に来ていた伝奏衆《てんそうしゅう》に披露された。伝奏（武家伝奏）とは幕府と朝廷のあいだを取り次いだ公家の役職のことで、当時は広橋兼勝《ひろはしかねかつ》と三条西実条《さんじょうにしさねえだ》の二人がつとめていた。

　ところが、翌六日になって竹千代の名乗である「家忠」は、藤原北家《ほっけ》の流れをくむ花山《かざん》院《いん》の祖藤原家忠《ふじわらいえただ》と同じであるとの指摘が伝奏衆から出された。そこで、崇伝が再び選出したのが「家光」であった。このように多少の曲折はあったものの、竹千代が「家光」、国松が「忠長」と、おのおのの名乗が決まったのである（『本光国師日記』）。

　そして、一般に名乗の決定と同時に元服も行なわれることからすれば、この九月六日かその直後に、家光は元服したものと思われる。じっさい『幕府祚胤伝』によれば、家光の元服は九月七日に行なわれ、加冠役《かかんやく》を土井利勝が、理髪役《りはつやく》を酒井忠世《さかいただよ》の両年寄が、それぞれつとめたとされる。

　だが忠長については、残念ながら加冠役などの役者はおろか、元服自体を記した史料もない。しかし、武家の元服が通常一五歳前後に行なわれることからも、兄家光と同じころに元服したことは間違いないであろう。ともかくも、ようやく兄弟は成人とみなされ、この時点で兄家光は従三位権大納言《ごんだいなごん》に、忠長は従四位下右近衛権中将兼参議に正式に叙任したのである。このとき家光は一七歳、忠長は一五歳であった。そしてこれ以後、忠長は「甲斐宰相《さいしょう》」と呼ばれることになった。ちなみに「宰相」とは参議の唐名である。

　なお、将軍秀忠の末弟である徳川頼房（常陸水戸《ひたちみと》二五万石）も、この八月二十一日に正四位下参議に昇進しており（「菊亭《きくてい》文書」『徳川幕府家譜』）、秀忠は二人の子と弟の任官を承けて、高家《こうけ》の大沢基宿《おおさわもといえ》を朝廷に遣わし、その御礼として後水尾《ごみずのお》天皇に太刀一腰と銀子五〇〇枚を、国母《こくぼ》の方（中和門院《ちゅうかもんいん》）にも銀子二〇〇枚を献上した（『東武実録』）。

北の丸屋敷への移徙

これより前の元和六年（一六二〇）正月十二日、金地院崇伝のもとに国松の守役の加藤保次がおとずれ「御作事成され候に付き、吉日書付申し候へ」と、北の丸屋敷の作事開始の吉日を調べ、その書付を提出するよう依頼があった。これに対して崇伝は「正月二十三日」と答えると、ついで同二十七日、今度は朝倉宣正・鳥居成次の連署で「御柱立て」の吉日が問われ、崇伝は「二月三日」が最良であると返答した（『本光国師日記』）。こうして、この後忠長が住むことになる、北の丸の新屋敷の作事が開始されたのである。

当の忠長は元服の後は二の丸に住んでいたが、元和八年三月六日に仮御殿《かりごてん》が竣工した。忠長は、それ以前の正月十三日、二の丸からいったん榊原忠次《さかきばらただつぐ》の屋敷に移ると、再び崇伝が選んだ吉日のとおり、三月十八日午刻（正午ごろ）、江戸城内北の丸の仮御殿に移徙《いし》した（『梅津政景日記《うめづまさかげにっき》』『本光国師日記』）。

忠長の移徙を祝うため、諸大名はこぞって仮御殿に参上していた。忠長からの招待状は、出羽久保田《くぼた》藩にも届けられていたが、それを受けた佐竹氏《さたけし》の家臣山県掃部《やまがたかもん》は、その招待状を当日ではなく翌十九日に藩主義宣《よしのぶ》に披露した。理由は失念だった。これを知った義宣は激怒して、掃部を改易に処したという。義宣は二十一日に参上して事なきを得ていたが、忠長に気を遣う大名の様子がよくあらわれた出来事である（『梅津政景日記』）。

忠長の新屋敷は翌元和九年末に竣工したものと思われ、その十二月五日、忠長の母お江与の方は、金地院崇伝に小田原蜜柑《みかん》一桶を贈り、筆頭女中だった民部卿局《みんぶきようのつぼね》を通じて、忠長の新屋敷への移徙は年内がよいか、来年がよいかを尋ねた。崇伝は即日「らいねんもさしあいハ御さなく候、さりなから、ことし内ニ御うつりなされ候て、いよ〳〵めでたく御さ候」と返答した（『本光国師日記』）。

忠長が新屋敷に移徙した正確な日付はわからない。しかし寛永元年（一六二四）正月六日、佐竹義宣が忠長のもとに「御年頭の御礼・御わたまし(移徙)の御礼」のために出向き、太刀・御馬代銀三〇枚と呉服などを納めていたので（『梅津政景日記』）、元和九年の年末に行なわれたことは間違いない。こうして忠長は両親のもとから離れ、まったく独立したのである。

駿府徳川藩と蜜月時代

家光の将軍襲職と二元体制

家光の将軍襲職

元和九年（一六二三）二月、尾張《おわり》藩主徳川義直《とくがわよしなお》の江戸の新しい屋敷が落成した。早くも十三日には将軍秀忠の渡御《とぎょ》があり、つづいて同十八日には大納言《だいなごん》家光の御成《おなり》が行なわれた。これに相伴《しょうばん》したのは、徳川忠長・徳川頼房《よりふさ》と、幕府の信頼あつい藤堂高虎《とうどうたかとら》（伊勢津《いせつ》三二万三〇〇〇石）であった。義直亭では茶の湯が行なわれ、虚堂《きどう》の墨跡、梶《かじ》の釜など名物の茶道具が披露されたほか、猿楽《さるがく》が催され賀茂《かも》・朝《とも》長《なが》・玉鬘（玉蔓《たまかずら》）・道成寺《どうじようじ》などが演じられた。そして家光から義直に祝儀として国行《くにゆき》の太刀・長光《ながみつ》の腰物《こしもの》・来国俊《らいくにとし》の脇指《わきざし》・夜着一〇・銀子五〇〇枚が、忠長からも真長《さねなが》の太刀・安吉《やすよし》の腰物・頼国光《らいくにみつ》の脇差・小袖《こそで》二〇・黄金三〇枚が贈られた（『源敬様御代御記録《げんけいさまごだいごきろく》』『東《とう》武実録《ぶじつろく》』「元和年録」)。

ついで松平忠直《まつだいらただなお》の問題が終息した五月十二日、将軍秀忠が上洛の途についた。秀忠は六月八日に京都二条城に到着すると、同二十五日には参内《さんだい》して後水尾《ごみずのお》天皇に拝謁した。その後、七月には大坂まで足を伸ばすなどして家光の入洛を待った。その家光は四月十三～十九日まで自身はじめての日光社参《にっこうしゃさん》を行ない、二月後の六月二十八日になってようやく江戸を発ち、翌七月十三日に伏見《ふしみ》城に入った。もともと家光は、五月二十七日に江戸を発つ予定だったが、五月十八日から「瘧《おこり》」(間欠的な発熱と悪寒、ふるえ)を煩ったため、延び延びとなっていたのである。

図11　後水尾天皇(妙法院所蔵)

伏見城に入った家光は十五日に二条城に出向き、まずは秀忠に挨拶すると、その後、勅使と対面したり、諸大名や公家・門跡衆からの礼を受けたりして時を過ごし、また二十三日には施《せ》薬院《やくいん》にて衣冠に改め、はじめて参内した。これには国持《くにもち》大名をはじめ、五位以上の武家はみな供奉《ぐぶ》している。そして七月二十七日、家光は伏見城に勅使をむかえ、征夷大将軍の宣《せん》旨《じ》・正二位の位記・源氏《げんじ》氏長者《うじのちようじや》宣旨二通・内大臣宣旨・牛車《ぎつしや》宣旨二通・兵仗《へいじよう》宣旨を受けた。これによって、家光は正式に江戸幕府三代将軍に就任し、同時に正二位内大臣に昇進したのである（「孝亮宿禰《たかすけすくね》日次記《ひなみき》」『御当家紀年録』「大猷院殿御実紀《だいゆういんでんごじつき》」）。

上洛しない忠長

　家光の将軍就任と同じ元和九年（一六二三）七月二十七日、弟の忠長も従三位権中納言《ちゆうなごん》に昇進し（『幕府祚胤伝《ばくふそいんでん》』『源敬様御代御記録』など）、これ以後「甲斐《かい》中納言」と呼ばれるようになった。だが「甲斐参議忠長卿権中納言に任ず其の身江戸に在り」（『御当家紀年録』）とあるように、家光の上洛に忠長は供奉せず在江戸のままであった。徳川義直・頼宣《よりのぶ》・頼房の三家はもちろん、松平忠昌《ただまさ》・直政《なおまさ》らの越前《えちぜん》松平一門も当然のごとく供奉し、将軍宣下に関わる諸儀礼の場にも参列していたのに、である。

　忠長はこのとき、元服もすませた一八歳の成人であり、また右にみたように家光の御成に徳川頼房とともに相伴するなど、ひとかどの大名に成長していた。またこのころ、病気になったという事実もない。つまり、上洛できない物理的・客観的な理由はなかったのである。おそらくは、父である将軍秀忠も上洛するよう命じていただろうし、いっぽうで将軍不在中の江戸城の留守をあずかれるほどの経験も忠長にはなかった。

何ゆえ忠長は家光の上洛に供奉しなかったのか。真意のほどは不明である。ただ、これまでみてきたように、幼少期の兄弟二人の生育環境にくわえて、忠長が兄家光に抱いたであろう複雑な思いが事実だとすれば、目の前で兄家光の将軍宣下をみることは、忠長とすれば耐えがたいことだったのかも知れない。もしそうならば、忠長はたんに気ままというだけではなく、幼少期の利発さからはほど遠い、自分の立場を弁《わきま》えられぬほどの思慮を欠いた人物ということになる。そして、それを許す秀忠も溺愛する息子には大甘な父親というほかない。

秀忠の財産分与

将軍宣下の諸儀式やその礼のための参内などを無事に終えた家光は、八月十九〜二十三日まで大坂を巡り、翌閏八月八日に伏見を後にすると、二十四日に江戸に還御《かんぎょ》した。いっぽう大御所《おおごしょ》となった秀忠は、家光より遅れて閏八月二十一日に二条城を発ち、九月七日に江戸に帰着した（『本光国師日記《ほんこうこくしにっき》』「大猷院殿御実紀」）。むかえた九月二十五日、その日は吉日だったため秀忠から新将軍家光に、生前贈与ともいうべく財産分与が行なわれた。三河吉田《みかわよしだ》藩三万石の松平忠利《ただとし》は、その日記に「天下を将軍様に御わたし、金十五万枚遣わされ候由申し来たり候」と書き（「松平忠利日記」）、江戸

にいた細川忠利《ほそかわただとし》は、父の側近に宛てた十月十六日付の書状で、

一、大御所様（秀忠）より将軍様へ、なけ（投）頭巾、ゑんがう（圜悟）の墨跡、金五十万枚、五畿内残らず、関東にて二百万石、金山銀山残らず、大番衆《おおばんしゅう》十組御譲り成され候、

と報じた。これによれば、家光に譲られたのは、投頭巾《なげづきん》（肩衝《かたつき》の茶入れ）、圜悟克勤《えんごこくごん》の墨跡、黄金五〇万枚、五畿内にあるすべての幕府領・関東幕領のうち二〇〇万石分、幕府が直轄するすべての金銀山、そして大番組一〇組であった（『細川家史料』）。黄金の枚数で松平忠利の得た情報と細川忠利のそれでは、かなり違いがみられるが、いずれにしても希代の名物や莫大な所領その他が家光に譲られたのである。

いっぽう秀忠は「大御所様はおしにて（忍）十万石、大坂にて十万石、伊豆《いず》・駿河《するが》・遠州《えんしゅう》・三河の間にて五十万石余、此の分御蔵入りと申し候」とあり、武蔵忍《むさしおし》で一〇万石、大坂で一〇万石、伊豆・駿河・遠江《とおとうみ》・三河など東海地方の幕領のうちで五〇万石余の、都合七〇万石余を、隠居にあたり自身の蔵入地《くらいりち》（直轄領）とした（『細川家史料』）。

秀忠の隠居と二元体制の成立

将軍宣下の上洛から江戸に帰った後、家光はそれまでどおり江戸城西の丸で暮らしていたが、寛永元年（一六二四）六月十日、いったん徳川頼房の屋敷に移ると、十一月三日に将軍本来の居所である本丸に移《い》

図12 『江戸図屏風』（国立歴史民俗博物館所蔵）

徙《し》した（『本光国師日記』『御当家紀年録』『梅津《うめづ》政景日記《まさかげにっき》』）。これより前の九月二十二日午刻《うまのこく》（正午ごろ）には、大御所秀忠が本丸から修築間もない西の丸に居を移していた（「大猷院殿御実紀」）。

秀忠の居所（隠居所）については、寛永元年七月十四日付の細川忠利の書状に、

尚々、小田原《おだわら》は御隠居所に罷《まか》り成り候、阿備中殿（阿部正次）は岩つき（岩槻）へ遣わされ候、内々は駿河御隠居所と御座候ところ、将軍様御訴訟成され、御若年に御座候あいだ、少しもちかく御座成され候様にとの儀にて、小田原に罷り成り候、

とあるように、もともとは駿河（駿府《すんぷ》）がその候補地であった。しかし、家光による自分はま

だ若年であるので少しでも近所にとの「御訴訟」（嘆願）によって、いったんは小田原に決まり、それが最終的に西の丸になったのである。

後に述べるように、この書状が書かれる直前には、忠長に駿府城が与えられていた。秀忠とすれば、その駿府城に正室のお江与《えよ》の方とともに移住し、駿府を終の棲家と考えることも、これまでの秀忠夫妻と忠長との関係を思い起こせば、あり得ないことではなかった。くわえて忠長の駿府藩政を後見し、かつ西国での緊急事態に江戸にいる以上に素早く対応できるという地理的な利点もあった。

いっぽう家光にとって、父秀忠が弟の城地である駿府に移住するということは、おなじ肉親という意味では「屈辱的」なことでもあり、それゆえにこそ、何としても父秀忠の駿府隠居だけは避けたかったに違いなく、それが自分を「若年」だからと貶《おとし》めてまでも、「少しもちかく」という懇願になっていたものと考えられる。また政治史的には、家康が駿府に居を定めたころと比較すれば、豊臣氏の滅亡後一〇年が経過し、松平忠直の問題も乗り越えたいま、政治的・社会的な緊張状態も当時ほどではなかった。秀忠とすれば、小田原という選択肢もあり得たのだろうが、やはり家光への指導や、参勤《さんきん》する諸大名への対応という点では、西の丸が最適だったのであろう。

こうして江戸城本丸に将軍家光が、西の丸に大御所秀忠が居住することとなった。そして、秀忠の将軍時代からの年寄《としより》だった酒井忠世《さかいただよ》にくわえ、新たに酒井忠勝《ただかつ》・稲葉正勝《いなばまさかつ》（春日局《かすがのつぼね》の嫡子）・内藤忠重《ないとうただしげ》が家光付の年寄となり、土井利勝《どいとしかつ》・井上正就《いのうえまさなり》（寛永五年八月死去）・永井尚政《ながいなおまさ》、井上の死後に青山幸成《あおやまゆきなり》・森川重俊《もりかわしげとし》らが秀忠付の年寄となった。家光・秀忠おのおのの意思（命令）は、彼らが別々に発給する連署奉書をとおして、諸大名や旗本《はたもと》以下に正式に伝達された。幕府政治は二元体制の様相を呈したのである。

大御所秀忠の時代

家光が本丸に移る前の寛永元年（一六二四）正月二十六日、在江戸の諸大名が江戸城西の丸に集められ、三日前の二十三日に大御所秀忠から将軍家光に「御馬しるし」が渡されたこと、「弥々《いよいよ》天下の御仕置き」を任せる旨の申し渡しがあったことが、諸大名に知らされた（『梅津政景日記』）。松平忠利は、その日記に前年の九月二十五日に「天下」が家光に渡されたと記していたが、それが諸大名に改めて周知されたのである。「御馬しるし」とは、家康から秀忠に受け継がれた、徳川家軍団の象徴である「金扇の大馬印」のことである。一見すると、これによって軍事指揮権と「天下御仕置」権が家光に移譲され、大御所秀忠はまったく隠居の身となり、何の権限も持たなくなったようにみえる。

しかし、じつはそうではなかった。西の丸年寄永井尚政の弟で、秀忠の側近でもあった永井直重《なおしげ》が、秀忠の事蹟を回想して記したとされる「元和寛永小説」によれば、

一、御作法は御譲り成され候へ共、所替え、知行下され候分は御譲り成されず候、大猷院《(家光)》様御旁らにて、御奉公致し候衆に下されたき御知行の分は、雅楽頭《(酒井忠世)》を以て、台徳院《(秀忠)》様へ御披露成され候上にて、大猷院様下され候、

とあり、将軍としての「御作法」、つまり幕府の儀礼的な面は家光に譲られていても、「所替え」（転封《てんぽう》）や「知行下され候分」（領知宛行権《りょうちあてがい》）は譲られておらず、家光の側近く奉公する家臣への知行も、家光付年寄の酒井忠世からいったん秀忠に披露され、そのうえで家光から給与されていたことがわかる。じっさい秀忠の生前において、旗本への領知朱印《しゅいん》状《じょう》の発給者は、家光ではなくほぼ秀忠だったことが明らかにされている（藤井譲治『徳川将軍家領知宛行制の研究』）。

つまり、主従関係の根幹をなす領知宛行権は、依然として大御所秀忠のもとにあり、天下人としての実権はやはり秀忠が掌握していたのである。秀忠は寛永九年一月に死去するが、その間、徐々に実権は家光に移っていくものの、全体としてみれば、この時期はやはり大御所秀忠の時代だったのである。ただし、幕府政治のうえで重要な案件を諸大名以下

に通達する場合、それは本丸の酒井忠世・忠勝、西の丸の土井利勝（・井上正就）・永井尚政が連署する奉書でなされており、通達の主体が、一人秀忠だけでなく将軍家光の意思でもあることが示されていた。

駿府徳川藩の成立

駿府五〇万石を拝領

寛永元年（一六二四）、徳川忠長に駿河および遠江の一部が加増され、同時に駿府城が与えられた。これを『源敬様御代御記録』『幕府祚胤伝』「大猷院殿御実紀」は八月十一日とし、『徳川幕府家譜』『藩翰譜《はんかんふ》』は翌寛永二年正月十一日のこととする。しかし「松平忠利日記」寛永元年七月十六日条には「去十二日に、駿州・遠州両国五拾万石甲斐中納言様（忠長）御拝領に候由」とあり、また細川忠利の七月十四日付の書状でも、すでに、

一、甲斐中納言様へ、遠江・駿河両国進ぜられ候、御知行高は五十万石の由に御座候、両国之高不足御座候に付きて、相模《さがみ》の内にてたしをば進ぜらるゝの由に御座候、

図13　駿府城（静岡市総務局市長公室広報課提供）

一、今迄駿河の御城御番衆八十人の馬
　乗、番頭衆共付け進ぜられ候事、
一、懸河《(掛川)》の城には朝倉筑後《(宣正)》、浜松の城
　には鳥居土佐《(成次)》置かせらる、由に候事、

と報じられている（『細川家史料』）。後にみるように八月二十日に領知目録が出されているので、おそらく七月十二日に忠長に駿河・遠江を与える内意が秀忠から示され、正式に発表されたのが八月十一日だったのだろう。こうして、忠長は駿府五〇万石の城主となったのである。これを受けて、出《で》羽《わ》米沢《よねざわ》三〇万石の上杉定勝《うえすぎさだかつ》は、さっそく七月二十日に北の丸にある忠長の屋敷に祝儀の使者を遣わし、また佐竹義宣《さたけよしのぶ》は、祝儀の品は伊達政宗《だてまさむね》・上杉定勝の進物を見極めた

図14　掛川城（掛川城公園管理事務局提供）

うえで、「弾正殿（上杉定勝）などの御なみに仕るべし」と、上杉家並みにするよう指示していた（『上杉家御年譜』『梅津政景日記』）。

なお、右の細川忠利書状の三条目にあった付家老《つけがろう》二人の動向であるが、忠利の仕入れた情報では、掛川《かけがわ》城に朝倉宣正《あさくらのぶまさ》が、浜松《はままつ》城に鳥居成次《とりいなりつぐ》が置かれることになったとする。たしかに朝倉宣正は、翌二年正月に一万石の加増を受け掛川城を拝領していた（『寛政重修諸家譜』）。しかし浜松城にはこの前後高力忠房《こうりきただふさ》が三万石で入っていたので、鳥居成次が浜松に移ったという事実はなく、鳥居はその後も甲斐谷村《やむら》城主のままであった。ただ「松平忠利日記」にも「浜松は土佐殿（鳥居成次）三万五千石、懸川筑後殿（朝倉宣正）弐万五千石御取り候由に候」とあるので、これは一人細川忠利の誤報ではなく、幕府の当初の方針だったようである。

秀忠の期待

駿河・遠江五〇万石は、慶長十四年（一六〇九）十二月以来、家康の一〇男徳川頼宣の所領であった。しかし、元和五年（一六一九）六月、安芸広島《あきひろしま》五〇万石の福島正則《ふくしままさのり》が改易《かいえき》されると、紀伊和歌山《きいわかやま》の浅野長晟《あさのながあきら》が四二万石余で広島に移り、その後の和歌山に頼宣が駿府から五五万石で入った。紀伊徳川家の成立である。そして、この玉突き転封によって、頼宣の旧領は一時幕府の直轄領となり、その後、前に述べたように家光が将軍になった直後、大御所秀忠の所領に組み込まれていたのである。

また駿府城も忠長に与えられるまで、駿府城代《じょうだい》や大番組によって管理されていた。この間、忠長は元和六年に元服、同九年には従三位権中納言に叙任、同年末には北の丸の屋敷に移徙して独立するなど、親藩大名として着々と成長をとげていた。つまり秀忠は、ある意味で五年間意図的に城主を決めず、忠長の成長を待って満を持す形で、自身の駿河・遠江の所領と駿府城を忠長に与えたのである。

駿府（城）は東南に久能山《くのうざん》を置き、西国に対しては大井川《おおいがわ》と堅城として知られる田中《たなか》城、さらに宇津谷峠《うつのやとうげ》と日本坂《にほんざか》の隘路《あいろ》をひかえた東海道《とうかいどう》の要衝《ようしょう》であり、幕府の防衛上もきわめて重要な拠点であった。そうした重要な城を忠長に任せたということは、秀忠にすれば、それだけ息子への信頼と期待が大きかったといえるのである。

駿府在番大番衆の付属

ところで、駿府城は徳川頼宣の紀伊転封後、遠江横須賀《よこすか》城主（二万六〇〇〇石）松平重勝《しげかつ》と子の重忠《しげただ》が元和七年（一六二一）まで城代をつとめ、その守衛（駿府在番《ざいばん》）は大番頭渡辺茂《わたなべしげる》の組が行なっていた。その後、渡辺茂が二条城番に転じると、子の渡辺忠《ただし》が駿府在番にあたり、ついで元和八年十月これに松平康安《やすやす》の組がくわわったが、康安が翌九年に死去し、康安の組は子の正朝《まさとも》に引き継がれていた（『東武実録』『寛政重修諸家譜』）。

大番や書院番《しょいんばん》といった幕府の主要な旗本部隊は、およそ秀忠死後の家光時代にその組織ができあがっていた。このうち大番組の定型は、組数が一二組であり、各組は番頭が一人、組頭《くみこ》が四人、組士の旗本五〇人で構成され、これに与力《よりき》が一〇騎、同心《どうしん》が二〇人つけられていた。その職務は、日常的には江戸城西の丸の警備や江戸市中の巡回などを行ない、このほか一年交替で二組ずつが大坂城と二条城の在番を担当した。この在番中は組士の知行高に応じた合力米《ごうりきまい》、いわば出張手当が幕府から支給されていた。

忠長が甲斐に所領を得たとき、大番衆から選抜された五五人が忠長の家臣となっていたことはふれた。そして今回も、前項であげた七月十四日付細川忠利書状の二条目に「今迄駿河の御城御番衆……」とあったように、忠長に駿府城が与えられると、改めて渡辺忠組と松平正朝組に属した大番衆八〇人が、彼ら番頭の二人とともに、忠長の家臣団に組み込まれることとなったのである。

領知目録

忠長の駿河・遠江拝領から、一月余り後の寛永元年（一六二四）八月二十日、忠長領の「領知目録」が発行された（『東武実録』）。通常、御三家などの親藩には、一般の大名とは異なり、将軍の領地宛行状である領《りょう》知判物《ちはんもつ》や朱印状は発給されず、老中《ろうじゅう》連署の領知目録のみが家老に宛てて交付された。忠長への領知目録も同様で、幕府年寄の酒井忠世・土井利勝・井上正就・永井尚政、勘定頭《かんじようがしら》の松平正綱《まさつな》・伊丹《いたみ》康勝《やすかつ》の六人の連署により、鳥居成次と朝倉宣正の両付家老に宛てられていた。読み下しにせず、そのまま引用してみよう。

一、高弐拾三万二千六百七拾三石　　甲斐国

此外

二千石　　郡内高不足ニ引

三千四百七石　　寺社領ニ引

三千石　　真田隠岐守（信昌）知行分引

一、高弐万六千五百四拾六石八斗　信州《しんしゅう》小諸残物《こもろのこりもの》
一、高拾六万千六百九拾石　駿河国
　此外
　三千石　久能《くのう》領ニ引
　壱万六百六拾石余　十分一之夫覚有之
一、高七万九千八拾四石弐斗　遠江国之内
　都合五拾万石
右之所々　中納言様(忠長)へ被進候、以上
　寛永元年八月廿日

すなわち、甲斐国で二三万二六七三石、寛永元年に松平忠憲《ただのり》が小諸を領したことによる「小諸残物」として二万六五四六石八斗、駿河国で一六万一六九〇石、遠江国内で七万九〇八四石二斗の「都合五拾万石」であった。ただし、これらの数字を合計すると四九万九九四石で、五〇万石には六石ほど不足している。合計があわないことは珍しいことではないが、『東武実録』の編者（松平忠冬《ただふゆ》とされる）が原本を誤写した可能性もある。また『東武実録』では、この目録の引用につづいて「右之外重テ五万石賜リ、総テ五十五万石

ヲ領ス」とあり、さらに『徳川幕府家譜』『幕府祚胤伝』も五五万石とするなど、忠長の領知高を五五万石とする説もある。しかし、前にあげた七月十四日付の細川忠利書状、松平忠利の日記など、同時代の史料ではいずれも五〇万石としており、忠長の領知高は、この時点ではやはり五〇万石とするのが妥当のように思われる。この時点というのは、忠長が改易されなければ、当然その後に加増された可能性もあるからである。

なお、その細川忠利書状の一条目の、駿河・遠江では石高に不足分があり、相模国内でそれを補塡したとする記述については、相模高座郡《こうざぐん》一二ヵ村の忠長領編入が確認でき、忠長の家臣平岡千道《ひらおかちみち》の年貢割付状《ねんぐわりつけじよう》も残されている（『相模原市史』）。

最初の手討ち

ところで、この年九月初旬から、忠長はいちじ体調をくずしたようである（「伊達政宗文書」『仙台市史』）。食欲不振がつづき、細川忠利の九月十七日付書状には「中納言（忠長）様御煩い、ちやくと御本復有るべき様に御座無く候て、大御所（秀忠）様も一段御心元無く思し召され候」とあり、すぐには本復しそうもない忠長の病状と、それを心配する父秀忠の様子が記されていた。だが、その後は忠長の病状にふれた史料はなく、大事には至らなかったようである。

明けて寛永二年正月二日の晩、江戸城本丸において謡初《うたいぞ》めがあった。そこに列席した三河吉田藩主の松平忠利は、その日記に「晩に御うたい初にて本丸へ出申し候、駿州中納言様、御小将（小姓）興津河内（直正）と多兵衛と申すものきり申し候」と記した（「松平忠利日記」）。さすがに謡初めの場ではなかったとは思われるが、忠長は小姓の興津《おきつ》直正《なおまさ》と多兵衛なる人物を手討ちにしたのである（ただし、少なくとも興津直正については殺害していない）。注目すべきはこの記述に伝聞の表現がないことで、おそらく忠利はその目でみたのであろう。前年の病との関連はまったく不明であるが、いずれにしても後におとずれる忠長の乱行の兆しが、早くも現れた事件であった。

駿府への初入部

寛永二年（一六二五）、忠長の初入部が実現した。十月十一日、忠長は帰国の許可を得て、翌十二日に江戸を発つと、鷹野《たかの》などをしながら東海道を西に向かい、十九日に駿府城に入った。駿府に到着すると、忠長は松平正朝を使者として将軍家光のもとに遣わし、鷹野の獲物である雁《かり》三羽と蜜柑二桶を進上した。家光は忠長に宛てて、

入国に就いて松平壱岐守（正朝）差越され、殊に鷹の雁三羽、蜜柑二桶送り賜り、欣悦此の事に候、猶酒井雅楽頭（忠世）申すべく候、謹言、
十一月廿二日（寛永二年）　御諱（家光）

（忠長）中納言殿

という御内書《ごないしょ》を出し、あわせて側近で書院番組頭の三浦正次《みうらまさつぐ》を駿府に送り、初入部の賀儀を述べさせた。これに対して、忠長は正次に一文字の刀を与えた（「江城年録」『源敬様御代御記録』『東武実録』『寛政重修諸家譜』）。ここにみられるのは、将軍と初入部した大名とのあいだの通常のやりとりであり、家光と忠長のあいだには何ら確執めいた様子はみられない。

この入部によって、忠長による実質的な駿府藩政が始まった。前述した駿府在番大番衆が正式に忠長の家臣となったほか、元和七年（一六二一）から駿府町奉行《まちぶぎょう》をつとめていた山田重次《やまだしげつぐ》と門奈宗勝《もんなむねかつ》、駿河代官だった村上吉正《むらかみよしまさ》らも、忠長に付属してこれまでとおなじ役職をつとめることとなった（『東武実録』『寛政重修諸家譜』「駿河分限帳」など）。従来どおりとはいうものの、忠長による最初の人事であった。忠長はおよそ一ヵ月駿府に滞在し、十二月二十日に駿府城を後にすると、同二十七日に江戸に還御した（「山内家文書」「江城年録」）。こうして初入部を終え、忠長は駿府藩主としての道を歩みはじめたのである。

駿府徳川藩の展開

藩政への基本姿勢

忠長が駿府藩主だった期間はきわめて短い。すなわち、寛永元年（一六二四）八月に駿河・遠江を拝領してから、改易処分が下される同九年十月までの八年余りしかない。しかも同八年五月末には甲斐に謹慎となるので、実質的に忠長が駿府藩主だったのは七年足らずということになる。このように、藩主だった期間がきわめて短かったことにくわえ、後の章で詳述するように、忠長の非行ないし改易のされ方ゆえか、忠長に関連する史料が意図的に処分された節があり、忠長の駿府藩政についてはほとんど解明できないのが実情である。

それでも、忠長の藩政への基本姿勢といったものは読み取ることができる。たとえば寺院への対応をみると、掛川城付近にあった永江院《ようこういん》・亀甲村《かめのこうむら》天神社・世楽院《せらくいん》などの寺社領については、これまでの寺領をそのまま安堵するなど、比較的寛容な態度でのぞんでいた（「永江院文書」「長福寺文書」「世楽院文書」）。しかし寛永五年十一月五日付で家老の鳥居成次と朝倉宣正の連署で、駿府城下にある一華堂《いっかどう》（長善寺《ちょうぜんじ》）に宛てた書状には、

一華堂寺領の分参拾石の所、御朱印の面明鏡に候、然《しか》らば先年より侍屋敷に相渡り候に就いて、此の度大納言殿《（忠長）》へ御意を得、替地として有度郡小鹿村《うどぐんおしかむら》の内参拾石の所を以て遣わされ候間、当辰の物成《ものなり》より寺納あるべく候、以上、

とあり（「長善寺文書」）、駿府城下の安西《あんざい》にあった一華堂の寺領三〇石分を、侍屋敷を建設するという理由で没収し、その替地として有度郡小鹿村（現駿河区小鹿）に移すことを命じたのである。この寺領は、古くは天文元年（一五三二）に今川氏輝《いまがわうじてる》によって安堵され、慶長七年（一六〇二）十二月には家康も安堵した由緒あるものだった（『静岡県史料』）。つまり、忠長は既存の秩序を一面では容認しつつも、侍屋敷をはじめとする駿府城下町の建設といった、領国経営の核心の部分においては、たとえ今川氏や祖父家康の安堵といった由緒があろうとも、従来の権益にとらわれることなく、みずからの領主権を遺憾なく発揮していたのである。

しかし、これ以外の忠長の具体的な政策については、ほとんど不明とせざるを得ない。ただ駿府藩家臣団の具体像と藩政の仕組みについては、つぎの史料によってある程度のことは知ることができる。

「駿河亜相附属諸士姓名　駿河在番大御番姓名」

すなわち、国立公文書館内閣文庫に「駿河《するが》亜《あ》相《しよう》附属諸士姓名《しよしせいめい》　駿《する》河在番大御番姓名《がざいばんおおごばんせいめい》」との外題を持つ史料があり（以下では「諸士姓名」とする）、現在『静岡県史』資料編九・近世一に翻刻《ほんこく》して収録されている。記述の下限が寛文七年（一六六七）であることから、延宝年間（一六七三～八〇）に駿府徳川家に縁のある幕臣が旧付属家臣を調べて作成したものとされ（古川貞雄「初期徳川家門大名領知の一考察」）、この史料によって忠長が改易された時点（寛永九年〈一六三二〉十月）での駿府藩家臣団の姓名・領知高・役職・改易後の動向などを知ることができる。

その記述は、たとえば松平正朝について記すと、

三千石　　大番頭　　松平壱岐守《いきのかみ》正朝

寛永九年壬申の十一月水谷伊勢守(勝隆)に預られ常州下館に配せらるといへども、同十二亥年　恩免を蒙りてのち水戸家に仕ふ

とあり、このほか同様の書式で二九五人の家臣が載せられている。それらの人々の多くは、

『寛政重修諸家譜』にその名とともに忠長の家臣となった記事を見出すことができ、かつ赦免後の処遇も両者でほとんど一致するなど、この史料の信憑性は十分に担保されているということができる。

家臣団の規模

前述したように、この「諸士姓名」には松平正朝をふくめて二九六人の家臣が載せられてるが、さすがにこれが五〇万石の所領を持つ親藩大名の家臣の総数とは考えられない。何となれば、「諸士姓名」には「各其の姓名を爰《ここ》に記すといへども、三ツのひとつにぞあるべき」とあり、二九六人は全体の三分の一だとしており、このとおりだとすれば、二九六人を三倍しておよそ九〇〇人規模の家臣が存在したことになる。きわめて大雑把な数字であるが、かりにこの九〇〇人が実態とそれほどかけ離れていなかったとしても、その規模は他の諸藩と比較してもきわめて小さいといわざるを得ない。

たとえば、元和年間の肥後熊本藩《ひごくまもと》加藤家《かとうけ》（五二万石）では四〇六七人、正保四年（一六四七）の出羽米沢藩上杉家（三〇万石）では、じつに六六五三人の家臣が存在したとされる。推測の数字を前提にものをいうのは危険であるが、あえて指摘すれば、こうした家臣団総数の著しい少なさは、駿府藩が成立してからわずか八年、忠長の最初の所領拝領（元和二年〈一六一六〉から数えても一六年と、藩成立後の期間がきわめて短いことに起因しているといえよう。もし忠長が改易されず駿府藩が存続していれば、この後に忠長自身による召し抱えや、家臣の分家などによって、五〇万石の領知高に見合う数の家臣団が編成されたものと考えられる。

ところで「諸士姓名」が載せる全家臣二九六人のうち、知行高が知れる家臣は二二二人である。その知行形態は知行取《ちぎょうどり》が二一四人、蔵米取《くらまいどり》（藩庫から俵で支給）が八人と圧倒的に知行地を持つ家臣が多かったことがわかる。これは秀忠の主導のもとで、もともと幕府家臣だった者を忠長に付属させるという、駿府藩家臣団成立の実態を反映したものと考えられる。その家臣団全体の知行高は二〇万二五四五石である。一般に大名の所領の構成は、譜代大名を除くと、大名蔵入地（直轄領）と家臣知行地の比率は五分五分であるから、忠長の蔵入地分を二五万石程度とすれば、推測の域を出ないものの、およそ五万石弱が知行高が不明な者や、「諸士姓名」に載せられていない下級家臣の知行分だったと思われる。

駿府藩の職制

つぎに主な役職とその就任者および知行高をあげてみよう。まず家老に朝倉宣正（三万七〇〇〇石、『寛政重修諸家譜』では二万六〇〇〇石）・鳥居忠房《ただふさ》（三万五〇〇〇石）の二人が置かれ（鳥居成次は寛永八年〈一六三一〉六月に死去）、御用人《ごようにん》が内藤政吉《ないとうまさよし》・大久保尚久《おおくぼなおひさ》・戸田半平の三人（各三〇〇〇石）、北の丸留守居《るすい》が小林重勝《こばやししげかつ》（四〇〇石）、留守居が桜井信利《さくらいのぶとし》（三〇〇石）、駿府町奉行が野辺当用（八〇〇石）・夏目源左衛門（七〇〇石）・門奈宗勝《もんなむねかつ》（四〇〇石）の三人、寺社奉行が榊原大内蔵（三〇〇〇石）・野田杢頭（二〇〇〇石）、目付《めつけ》は大井政景《おおいまさかげ》（一〇〇〇石）・森川長俊（四〇〇石）ら七人がつとめていた。

また忠長の蔵入地支配にあたったと考えられるものに、惣代官《そうだいかん》（村上吉正《むらかみよしまさ》・二〇〇〇石）、郡代《ぐんだい》（近藤正次・六〇〇石）、郡奉行《こおりぶぎょう》（中嶋盛証・三〇〇石）、代官（岩波道能《いわなみみちよし》ほか二人）、勘定《かんじょう》などがあった。いっぽう番方《ばんかた》（軍事組織）では、番頭をふくめて花畑番（小姓組）が一四人、書院番が一八人、大番が五七人、小十人《こじゅうにん》が一六人、そして武川者《むかわもの》として一七人が編成されていた。このうち花畑番頭には矢部八左衛門（二〇〇〇石）・椿井正次（一二〇〇石）・太田盛信（八〇〇石）・永井主膳、また大番頭には渡辺忠（六〇〇〇石）・松平正朝（三〇〇〇石）・松平重成《しげなり》（二〇〇〇石）らがおり、組頭も七人置かれていた。

このほか「諸士姓名」にある役職だけをあげると、小姓（一〇人）・医師・腰物役《こしものやく》（三人）・御小姓鷹頭《たかがしら》・御鷹頭・鷹役（四人）・納戸頭《なんどがしら》（二人）・納戸（五人）・公事《くじ》奉行・使役《つかいやく》（四人）・同朋《どうぼう》・御馬頭《おうまがしら》・馬預《うまあずかり》・右筆《ゆうひつ》・旗奉行・小普請《こぶしん》・賄頭《まかないがしら》・郡司などがあった。

これら各役職の支配関係は不明であるが、職名や知行高からみて、藩政の頂点には朝倉・鳥居の両家老がおり、これに御用人の内藤・大久保・戸田、そして小諸城代の三枝守昌《さいぐさもりまさ》（一万五〇〇〇石）・屋代忠正《やしろただまさ》（一万石）、このほか興津直正（一万石）、大番頭の渡辺忠・松平正朝らが、藩政の中枢ないし重臣層を構成したものと思われる。そして職名をみる限りでは、御用人・小姓といった側近層、駿府城下町・寺社方支配にあたった町奉行・寺社奉行や、農村支配にあたる惣代官以下の地方役《じかたやく》、さらには留守居や監察機構たる目付がある。軍事組織でも、鉄砲頭・弓頭など足軽《あしがる》部隊の隊長である物頭《ものがしら》がなぜか記されていないものの、軍事力の中核をなす大番、花畑番・書院番といった親衛隊、歩卒《ほそつ》部隊の小十人など基本的な組織を整えている。こうしたことから、駿府藩は成立一〇年足らずにおいて、行政・財政・司法・軍事など基本的な藩政機構がほぼ確立されていたということができ、同時にそれは当時の幕府機構の縮図ともいえるものでもあった。

こうして忠長は、尾張徳川家や紀伊徳川家とならぶ親藩大名としての地歩を固め、かつ、この後においても将軍家光を支える親藩の重鎮としての役割を担うはずであった。

母お江与と兄弟の蜜月

忠長の上洛を案ずるお江与の方

寛永三年（一六二六）四月、忠長は江戸を発ち、翌閏四月朔日に駿府に到着すると、秀忠に使者を送り二種二荷を献じた（『東武実録』）。前年につづく二度目の駿府への帰国である。何となれば、今回の帰国の目的は、将軍家光の上洛に供奉するためであった。

もちろん、忠長にとってははじめての上洛である。そのためか、母お江与の方は気が気でなかったらしい。これより前の三月二十六日、自身は虫気（寄生虫による腹痛）に悩まされていたにもかかわらず（『梅津政景日記』）、筆頭女中民部卿局《みんぶきようのつぼね》から金地院崇伝《こんちいんすうでん》に宛てた文で、四月二十日前後で忠長が駿府へ出立する吉日の提出を求めた。崇伝は十八日・

二十二日・二十七日の候補を選び、その書付を提出した。しかし何か障りがあったのか、同じ日、やはり民部卿局から「卯月十八日より内の吉日申し上げ候へ」との文が届き、崇伝は二日・八日・十六日と返答した（『本光国師日記』）。実際、忠長が江戸を発ったのは、佐竹義宣が四月十五日に忠長の屋敷を訪れているので（『梅津政景日記』）、崇伝が提出した吉日を用いていれば四月十六日ということになる。

こうした吉日の問い合わせは、将軍家光の場合は酒井忠世らの年寄が行なっていた。だが、忠長の場合は家老ではなく、右にみたように使者を送るとはいえ、お江与の方みずからの手によっていた。おそらく息子忠長のはじめての上洛が、彼女にとってはよほど心配だったのだろう。くわえて、忠長がかつて北の丸の新屋敷へ移る際の吉日も、お江与の方がたずねていたが、こうした事実からも忠長を愛し案じてやまない母親の姿が想像されるのである。そしてそれは、かつて豊臣秀頼《とよとみひでより》を鍾愛《しょうあい》した、お江与の方の姉である淀殿《よどどの》の姿にも重なるものがある。

家光の上洛に供奉

むかえた五月二十八日、まず大御所秀忠が江戸を発つと、六月二十日に京都に到着し二条城に入った。いっぽう家光は遅れて七月十二日に江戸を発ち、八月二日に京都に到着した。入京した家光は即座に二条城の秀忠を見舞い、ついで築造されたばかりの淀城に入り、京都での居所とした（『東武実録』『梅津政景日記』「松平忠利日記」）。

これより前、上洛途上の家光は七月十九日に清水《しみず》から駿府に着くと、まず久能山東照《くのうざんとうしょう》社《しゃ》に正装して参詣し、ついで駿府城に入った。家光の入城を待ち受けた城主忠長は、善美を尽くして兄家光を歓待した。家光は翌二十日は田中城、二十一日は掛川城に宿泊したが、いずれも忠長の領内であり、忠長の饗応はつづいたとされる（『東武実録』「大猷院殿御実紀」）。その後、忠長は家光の行列の最後尾を固めながら、八月二日に家光につづいて京都に入ったのである。

秀忠・家光の上洛にあたり、東海道の諸大名は道路や橋梁を修補・新設して、行列の便宜を図っていた。忠長も領内を流れる早瀬で有名な大井川に浮橋を渡したが、それはあたかも平地のごとくであり、諸人上下ともに忠長の叡智に感心していた。ところが、これをみた家光は、箱根《はこね》と大井川は関東鎮護第一の要害であると家康・秀忠も常に語っており、そこに浮橋を渡して、諸人の往来を自由にするのは（関東の防衛上も）言語道断であると激怒したという（「大猷院殿御実紀」）。この浮橋に秀忠が感情を害したという話は伝わっていないので、家光が激怒したというくだりは、おそらく家光と忠長のその後の明暗を知る後世の人の創作であろう。ただ若林敦之氏によれば、この逸話は、大井川が幕末まで往来の障害となっていたにもかかわらず、そこに架橋されなかったことの根拠になっていたとされる（「徳川忠長」『大名列伝』三・悲劇篇）。実際は関東の防衛上というよりも、技術的な問題だったようであるが。

なお、寛永元年（一六二四）に秀忠から家光に金扇の大馬印が渡されたことは前述したが、このときの上洛で秀忠と家光それぞれに供奉した軍勢の規模は、圧倒的に秀忠のほうが大きかった。こうした点からは軍事指揮権という面でも、依然として大御所秀忠の優位が揺るぎないものだったことがわかる。

大納言に昇進

八月十八日、家光は上洛の挨拶のため参内し、その場で従一位右大臣への昇進が伝えられた。この参内には、もちろん忠長も家光に供奉しており、このとき兄弟二人だけで実妹の中宮和子《ちゅうぐうまさこ》のもとに参上している。

いっぽう、二条城の秀忠のもとには勅使として中納言阿野実顕《あのさねあき》と頭中将《とうのちゅうじょう》園基音《そのもとなり》が派遣され、太政大臣《だいじょうだいじん》任官の宣命《せんみょう》が伝えられた。だが秀忠はこれを辞退し、翌十九日に左大臣への任官を承諾した（『幕府祚胤伝』『泰重卿記《やすしげきょうき》』）。また同じ十九日、徳川義直・頼宣と忠長が従二位権大納言に、徳川頼房が従三位権中納言に叙任した。この昇進によって、忠長は武家身分のなかでは、叔父の徳川頼房をしのぎ、義直・頼宣とともに大御所秀忠と将軍家光につぐ官位を持つ大名となった。そしてこれ以後、「駿河大納言」と呼ばれることになったのである（『東武実録』「大猷院殿御実紀」など）。

こうして忠長の駿府徳川家は、徳川一門のなかでも尾張徳川家・紀伊徳川家とならび、官位・領知高とも別格の三家として位置づけられるようになった。ただ、義直・頼宣が徐々に幕府政治にも影響力を発揮するようになるなか、忠長は幕府儀礼の場では重要な役割を演じてはいたものの、さすがに幕府政治に参加することはなかった。

後水尾天皇の二条行幸と忠長

今回、大御所秀忠と将軍家光が上洛した最大の目的は、二条城に後水尾天皇の行幸を仰ぐことであった。二条城はこの後水尾行幸のため、寛永元年（一六二四）から徳川義直ら一九人の大名を動員して、石垣を中心とする大改修工事が行なわれており、この年寛永三年に竣工したばかりであった。また、これには元和九年（一六二三）に廃城となった伏見城の殿閣も移築されていた。

天皇の行幸は、九月六～十日までの五日間にわたって行なわれた。六日、まず中宮和子・女院《にょいん》（中和門院《ちゅうかもんいん》）・女一宮《おんないちのみや》（後の明正《めいしょう》天皇）が二条城に入った。ついで多くの武家を従えた将軍家光が、天皇を迎えるため禁中に向かい、後水尾天皇は鳳輦《ほうれん》に乗って、秀忠

図15　『寛永民恩沢』（国立公文書館所蔵）

が待つ二条城に入った。このとき家光の乗った牛車の後を、義直・頼宣・忠長・頼房の順でともに騎馬で従っていた（『舜旧《しゅんきゅう》記《き》』『御当家紀年録』「大猷院殿御実紀」）。図15は、このとき家光の牛車に従う忠長と、朝倉・鳥居の両家老を描いたものである。なお、秀忠の末娘で家光・忠長の妹和子は、元和六年六月、一四歳のときに入内《じゅだい》し、寛永元年十一月には中宮に冊立されており、このときまでに女一宮・二宮の二人の女子をもうけていた。

　六日は祝の膳、七日は舞楽、八日には和歌御会・管弦の遊び、九日は猿楽があり、連日酒宴が催された。八日の歌会では「竹《ちく》契遐年《けいかねん》」が御題とされ、天皇・秀忠・家光らにつづき、忠長は「しつかなる 風のこゝろも よろつ代の こゑなりけれな 軒のくれ竹」と詠じた。そして、十日巳刻《みのこく》（午前一〇時ごろ）に女院が還啓《かんけい》した後、三献《さんこん》の儀があり、天皇とその左に中宮が座り、敷居を隔てて秀忠・家光、その後ろに忠長が座った。最後の三献目のときには天酌《てんしやく》（天皇に代わって内侍が酌をすること）があり、秀忠・家光だけでなく忠長も賜った。こうして天皇の二条行幸は終わったが、還幸《かんこう》のとき、忠長は束帯にて徳川頼房・伊達政宗の両中納言、松平忠昌・蒲生忠郷《がもうたださと》の両参議とともに、姫宮の乗る車両に従っていた。なお、九月十二日、天皇は改めて秀忠を太政大臣、家光を左大臣に任じた。さすがに秀忠もこのときは辞退せず、太政大臣昇進を受けいれた。そして翌十三日、秀忠と家光はこのたびの行幸と昇進を謝すために参内した（『御当家紀年録』『東武実録』「大猷院殿御実紀」）。

　幕府はこの行幸に莫大な費用をかけ、その規模は、天正十六年（一五八八）六月に豊臣秀吉が行なった、後陽成《ごようぜい》天皇の聚楽第《じゆらくだい》行幸をはるかにしのぐものであった。そしてこの行幸によって、幕府は諸大名が徳川家にいっそう従属していることを確認し、いっぽうで朝廷との融和路線をさらに推し進めることに成功したのである。

二条行幸が無事終了した直後の九月十一日、お江与の方の危篤を報せる飛脚が京都に到着した。この報を受けると、忠長は夜半にもかかわらず、急ぎ江戸に向かった（『梅津政景日記』「松平忠利日記」）。急行する忠長に供の者はほとんどが追いつけず、矢崎二郎八と青木勝七郎そして鑓持《やりもち》一人がつき従うのみで、忠長たちはわずかに上下四人で江戸に馳せ向かった。しかし九月十五日、江戸城を目前にした芝《しば》のあたりで、忠長はお江与の方死去の報せを受け、ついに母の死に目にあうことは叶わなかった（「江城年録」『東武実録』）。お江与の方は享年五四であった。

母の死と葬儀

家光は母の病状を問うため、まず側近の稲葉正勝を江戸に遣わした。自身は淀城を出て二条城の秀忠と面会し、十九日に出京する予定で準備を整えていた。だが出立直前に母死去の報があり、結局はそのまま京都にとどまった。いっぽう秀忠は、妻の死去の報に接すると、当然のことながら喪に服し、二十三日に精進が明けると、二条城の表に出御し見舞の諸大名とも対面したりなどした（『梅津政景日記』）。

お江与の方の遺体は九月十八日に増上寺《ぞうじょうじ》に移され、葬儀は秀忠の到着を待つことなく、増上寺において翌十月十八日から空前の規模で挙行された。麻布台《あざぶだい》に荼毘所《だびしょ》が設けられ、その葬列では位牌の後に忠長が、霊柩の後に京極忠高《きょうごくただたか》（四女初姫《はつひめ》の夫）が徒歩でつづき、これに松平仙千代《せんちよ》（三女勝姫《かつひめ》と松平忠直の嫡男）もしたがった。在府の諸大名もみな装束を着て参列した。遺体の周囲には沈香《じんこう》が三二間余にわたってつみあげられ、一時に点火したためその香烟は一〇町余におよんだとされる。そして荼毘が終わると、お江与の方は崇源《そうげん》院殿《いんでん》と諡された（『東武実録』『梅津政景日記』『御当家紀年録』など）。

この葬儀を取り仕切ったのは、家光ではなく忠長だった。秀忠はいまだ上洛からの帰途、駿府に滞在中で、側近の青山幸成《あおやまゆきなり》を遣わして葬儀を監督させた。だが家光は葬儀には参列せず、江戸城を出ることはなかった。家光が参列しなかったことについて、山本博文氏は、現職の将軍として「参列しないのが格式だったのだと考えられる」とされるが（『徳川秀忠』）、たとえそうだったとしても、それ以上に幼年時代に冷遇された記憶が、家光にこうした態度をとらせていたのかも知れない。その後も、家光は増上寺にある崇源院の廟所に参詣することはあまりなかった。

崇源院の供養　いっぽうの忠長は、寛永四年（一六二七）紀伊高野山《こうやさん》に母の一周忌供養のため五輪塔の建立を決めた。七月十八日、忠長は家老の朝倉宣正を金地院崇伝のもとに遣わし、その五輪塔に刻むみずからの「名の書き様」を尋ねさせた。崇伝は「駿河大納言源忠長造立焉」と返答したが、高野山からの提案は「施主孝子駿河大納

図16　崇源院供養塔（高野山）

言源朝臣忠長造立焉」であった。これに対して崇伝は「朝臣」の二字は殿上人《てんじょうびと》までのことで、大納言から宰相（参議）までは「卿」といい、大納言を「朝臣」とするのは「いわれなき」ことと説明すると、宣正は「合点」して帰ったという（『本光国師日記』）。

ただ高野山側の提案にみえる「孝子」の語は、当時の人々が認識した、忠長の母親に対する態度を象徴的に示したものだったかも知れない。たとえそれが、忠長に対する忖度《そんたく》だったとしても、である。現在、高野山の奥の院の参道には、多くの供養塔が立ちならんでいるが、それらのなかでも「崇源院殿一品大夫人昌誉大禅定尼」と刻まれた、ひときわ大きな五輪塔があり（高さ六・六メートル）で奥の院では

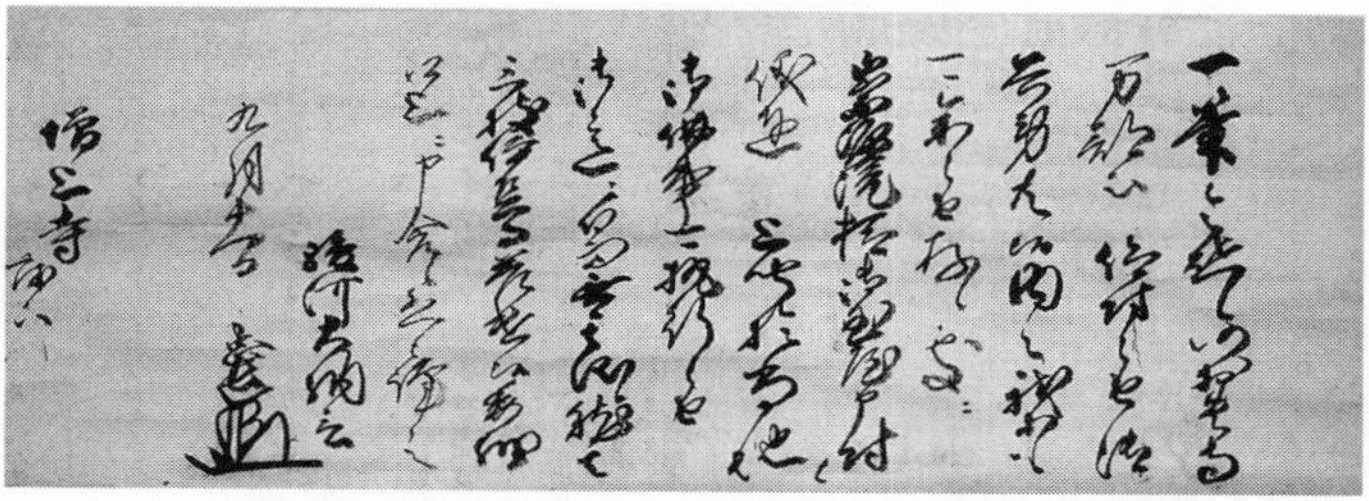

図17　9月11日付徳川忠長書状（大信寺所蔵）

最大）、それが忠長が建立したお江与の方の供養塔である。そして忠長の名は、崇伝の提案通り「駿河大納言源忠長」と刻まれている。

ついで寛永五年九月五〜十四日までの一〇日間、崇源院の三回忌万部経法会が増上寺において行なわれた（『梅津政景日記』）。つぎの史料は、このとき忠長が増上寺に宛てた書状で、現在まで現物が残っている数少ない忠長の書状のうちの一通である（「大信寺所蔵文書」）。

一筆啓せしめ候、仍《よ》って貴寺に於いて万部仰せ付けらるの由、御苦身ともに候、内々我等も参るべく候由に存じ候処に、崇源院様御玉屋《おたまや》申し付け候儀　上聞《じょうぶん》に達し、当地に於いて御仏事執り行うべきの由　御意に付きて、其の儀無く候、其れに就いて、三枝伊豆（守昌）差し遣わし候、委細口上に申し含め候、恐々謹言、

駿河大納言

図18　旧崇源院霊屋宮殿（祐天寺所蔵）

（寛永五年）
九月十一日　　忠長（花押）

増上寺
床下

すなわち、忠長は増上寺での法会に参列するつもりでいた。だが、このころ忠長は駿府に帰国中で、九月十五日には母崇源院の御玉屋（霊廟）を駿府城下の宝《ほう》台院《だいいん》（秀忠の生母お愛《あい》の方・西郷局《さいごうのつぼね》の菩提寺）に建立することになっていた。そのことが大御所秀忠の耳に入り、宝台院での仏事執行を指示されたため、忠長は増上寺での法会に参列できぬ旨を報じたのである。

書中の「上聞に達し」を家光の耳に入りと読み、忠長をよく思わぬ家光が増上寺での法会参加を許さなかったとみる向きもある。しかし、家光がもともと崇源院の法事には熱心でなく、また後述するように筆者は家光が忠長を敵視していたとは捉えていない。そのため、ここでは「上聞」の対象を家光ではなく秀忠とし、右のように解釈しておく。

その後、享保九年（一七二四）八代将軍徳川吉宗《よしむね》の命によって、駿河の宝台院にあった崇源院の御玉屋が廃されることとなり、このときその位牌は増上寺の崇源院殿御霊屋に合祀された。そして、やはり御玉屋のなかにあった崇源院の宮殿が、宝台院の住職欣説《ごんせつ》から目黒の浄土宗寺院祐天寺《ゆうてんじ》に寄付され、本堂一番奥の内々陣に安置されてきた。その宮殿は、平成二十～二十二年（二〇〇八～一〇）にかけて行なわれた、本堂の免震保存改修工事に際して発見されたことが報告されている（巌谷勝正「崇源院の宮殿」）。

織田信良の娘との結婚

これより前の元和九年（一六二三）十一月七日、忠長と上野《こうずけ》小幡《おばた》二万石織《お》田信良《だのぶよし》の娘との縁組が調っていた（『幕府祚胤伝』）。このとき忠長は一八歳、信良の娘は一〇歳であった。信良の父は織田信雄《のぶお》であるから、祖父はもちろん織田信長《のぶなが》ということになる。そしてお江与の方の母は、周知のように信長の妹お市《いち》の方であるから、忠長と信良は又従兄弟ということになり、まったく血縁がないわけではなかった。ただ信良はこのとき従五位上侍従であり、直後の十二月八日に従四位上少将に昇進していたものの（『寛政重修諸家譜』）、従三位権中納言である忠長の正室の実家としては、いくら織田信長の孫といっても家格としては見劣りがするのは否めない。この点について、福田千鶴氏は「織田家との縁を大切にしたいとする江の強い意向だろう」とされるが

(『江の生涯』)、筆者も同感である。

寛永六年(一六二九)正月三日、在国中の尾張藩主徳川義直は、忠長の結婚を祝うため使者を遣わし、祝儀として「呉服弐拾、銀子百枚、越前綿弐百把」を贈った。この結婚は「右御婚姻旧冬相済み候へ共、御隠密の由に付き、何方よりも御届け等これ無き由」とあるように(『源敬様御代御記録』)、じつは隠密裏に行なわれていたらしい。それゆえか、幕府側の記録や諸大名家の史料にも、このことについてふれた記事はなく、はっきりした婚礼の日取りや、何ゆえ「御隠密」だったのかはわからない。いずれにしても『源敬様御代御記録』の記事を信用すれば、忠長は縁組が調ってから五年後の、寛永五年の冬に正式に結婚したことになる。

なお家光も、忠長と同じ元和九年、摂家の鷹司信房《たかつかさのぶふさ》の娘孝子《たかこ》との縁組が調い、ついで同年十二月二十日、孝子は家光の住む江戸城西の丸に輿入れした。翌寛永元年十一月には家光の本丸移徙とともに祝言が行なわれ、ついで同二年八月、正式に婚礼が行なわれ、孝子は将軍家「御台所《みだいどころ》」となった(『東武実録』『幕府祚胤伝』)。ただ婚礼後すぐに別居するなど、家光と孝子のあいだの夫婦仲はあまりよくなかったようである。

良好な兄弟の関係

ところで、これまでみてきたところからすれば、幼少期はともかく、家光が世継と決まった以後においては、家光と忠長のあいだでの確執や不仲を示すような事実はなかった。たしかに、忠長は家光の将軍宣下のための上洛には供奉していなかったが、これとてもそういう事実があるというだけで、その理由が忠長の家光への敵愾心《てきがいしん》とか悪感情といったものかどうか、はっきりとはわからない。むしろ二人の関係は、家光への世継決定以後、とくに秀忠の大御所時代は良好だったということができる。

松平忠直をとりまく不穏な情勢が、世情をにぎわしていた元和八年（一六二二）七月二十五日、家光は川越《かわごえ》に向けて江戸を発った。これは、本多正純《ほんだまさずみ》が最上氏《もがみし》改易による山形《やまがた》城接収のため江戸を離れる直前であり、また川越は家光の守役で年寄でもある酒井忠利の、つまりもっとも信頼できる家臣の城地でもあった。家光は一ヵ月ほど川越に滞在した後、八月二十九日に江戸に帰ったのだが（『細川家史料』）、このとき「大納言様（家光）河越より還御、甲斐様（忠長）板橋《いたばし》まで御迎えに御出」とあるように（『元和年録』）、忠長は家光を迎えるため板橋まで出向いていたのである。これが秀忠の指示でなければ、松平忠直と本多正純をめぐる緊迫した情勢のなか、忠長が兄家光の身を案じてとった行動とみることもできる。

寛永六年（一六二九）二月下旬から家光は体調を崩し、同月の晦日夜には「かほ（顔）にいも（芋）のやうなる物少し出で申し候」と細川忠利が報じたように、病は疱瘡《ほうそう》であった。それでも病状はさほど深刻ではなく、翌閏二月十五日には酒湯《さかゆ》を浴びているので、このころにはほぼ全快していたものと思われるが、このとき、忠長は四月一日付で家光の病状を案ずるつぎのような書状を出していた（「内藤家史料」）。

一筆啓達せしめ候、仍って、将軍様いよいよ御機嫌能く、御膳御快く召上がられ候の由、目出たく珍重に存じ奉り候、随って屋代越中守（忠正）替わりとして三枝伊豆守（守昌）付け置き申し候、御機嫌の御様躰仰せ聞けられ給わるべく候、委曲口上に申し含め候、恐々謹言、

駿河大納言
忠長（花押）
（寛永六年）卯月一日
内藤伊賀守（忠重）殿
御宿所

忠長は、家光の機嫌がますますよく、食事もすすんでいることを知り、「目出たく珍重」だとし、屋代忠正に替わり三枝守昌をつけ置くので、家光の機嫌を（三枝を通して）

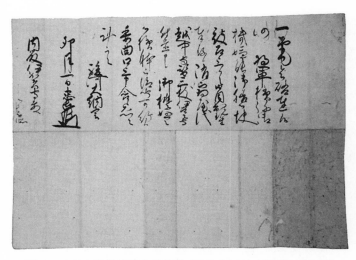

図19　4月1日付徳川忠長書状（「内藤家資料」高遠町図書館所蔵）

報せてほしい旨を、家光付年寄の内藤忠重に依頼したのである。忠長は家老の朝倉らを通じてではなく、右筆《ゆうひつ》書きとはいえ直書で家光の状態を尋ねていた。ここには形だけの見舞いではなく、心底から兄を案ずる忠長の心情が垣間見えるのではないだろうか。

家光の御成と忠長

秀忠の大御所時代、秀忠や家光はさかんに諸大名の屋敷への御成を行なうとともに、みずからの住居である西の丸や本丸にも大名たちを招き、「数寄《すき》」と呼ばれる茶の湯や能の観劇に興じていた。とくに大名邸への御成は数寄屋御成《すきやおなり》と呼ばれ、室町将軍の故事に倣ったもので、御成した大名への信頼を示すことで大名は面目をほどこし、かつ幕府への忠誠心を強めることにもなった。茶の湯は将軍や大名たちの嗜《たしな》みだっただけでなく、幕府と諸大名の関係を円滑にし安定化を図る、ある意味で政治的なセレモニーでもあったのである。ここでは、将軍家光の大名邸への御成の面から、家光と忠長との関係を考えてみたい。

表2は『東武実録』「大猷院殿御実紀」などをもとに、秀忠の大御所時代における将軍家光の御成に忠長が相伴した状況を表したものである。家光の御成は、忠長邸を除くと寛永元年（一六二四）一月二十七日の徳川頼宣邸を皮切りに都合二三回におよんでいる。そのうち忠長が相伴した回数は一一回と半数以下ではあるが、しかし寛永五年八月九日の徳川義直邸、同六年十月十五日の金地院崇伝邸のときと、同七年二月十三日の堀直寄《ほりなおより》邸への御成以後は、忠長が帰国中であり相伴することは不可能である。したがって、帰国中に行なわれた御成八回を除けば、一五回のうち一一回（七三％）となり、忠長は家光の御成のほぼ四回に三回は相伴していたことになる。

もちろん家光は忠長邸への御成も行なっていた。表2にみられるように、それは都合五回におよんでおり、三家の徳川頼宣・頼房邸が四回ずつ、徳川義直邸が二回だったことからすれば、家光は諸大名のなかでも、もっとも多くの頻度で弟忠長の屋敷を訪れていたことになる。また表2には示していないが、家光が秀忠の西の丸に御成したのは一〇回におよび、そのうち二回は忠長の帰国中で、忠長が江戸にいたにもかかわらず家光に供奉しなかったのは、帰国中をのぞいた八回のうち寛永六年六月二十八日の一回のみであった。

こうした事実をみると、家光と忠長のあいだに何らかの不和や確執があり、その結果と

表2　秀忠大御所時代の家光の御成

年月日	御成先	忠長の相伴
寛永元年1月27日	徳川頼宣邸	×
2月10日	徳川頼房邸	○
2月20日	伊達政宗邸	○
4月5日	蒲生忠郷邸	×
2年2月12日	徳川忠長邸	
2月26日	徳川義直邸	○
6月28日	藤堂高虎邸	○
3年3月7日	徳川頼宣邸	×
4年3月9日	徳川忠長邸	
6月28日	徳川頼房邸	○
10月22日	徳川忠長邸	
5年3月14日	徳川頼宣邸	○
3月26日	伊達政宗邸	○
4月6日	徳川忠長邸	
4月9日	徳川頼房邸	○
8月9日	徳川義直邸	帰国中
6年4月26日	前田利常邸	×
5月23日	徳川忠長邸	
8月10日	徳川頼房邸	○
8月28日	土井利勝邸	○
10月15日	金地院崇伝邸	帰国中
7年1月26日	酒井忠世邸	○
2月13日	堀　直寄邸	帰国中
2月23日	徳川頼宣邸	帰国中
4月6日	伊達政宗邸	帰国中
4月18日	島津家久邸	帰国中
6月10日	内藤政長邸	帰国中
7月5日	永井尚政邸	帰国中
8年	――――	――

して疎遠となっていたという面はまったくみえない。とくに頻繁に行なわれた親藩への御成でも、忠長邸へのそれが最多であったことからすれば、先にみた板橋への出迎えや疱瘡の見舞いなど、忠長が家光に対してとった行動と合わせて考えても、さすがに家光と忠長は兄弟であるだけに、不仲というよりは、むしろもっとも親密な関係にあったといえるのではないだろうか。

弟保科正之との遭逢

ところで、前述したように家光と忠長にはもう一人兄弟がいた。後に陸奥《むつ》会津《あいづ》二三万石の藩主となる保科正之《ほしなまさゆき》である。ただ、秀忠とその正室お江与の方とのあいだの子ではなかったため、秀忠からは終世自分の子として認められず、早くから信濃高遠《しなのたかとお》藩保科家に養子に出されていた。その生涯については拙著『保科正之』をご覧いただくとして、忠長はこの保科正之と対面をとげていた。

『会津藩家世実紀』によれば寛永六年（一六二九）六月、父秀忠とはじめて御目見えした正之は、その年の九月に忠長の居城駿府城におもむき兄忠長と対面したとされる。このときのこととして興味深い逸話が載せられている。すなわち、正之が駿府城に登城する際、忠長は所々の番人の出仕を無用とした。家臣たちが不審に思っていると、正之が退出するときは通常どおり各々の詰所に控えるようにとの指示であった。後に忠長は「幸松《こうまつ》（正之の幼名）は、高遠の田舎で成長したため諸事不作法だろうから、その様子を家臣たちにみせたくないために番人たちを退かせたのだ。だが実際に会ってみるとどうして、随分と利発な振る舞いであった。それゆえ帰りの際には安心していつもどおり番人を配したのだ」と近習たちに語ったという。真偽のほどは定かではないが、『会津藩家世実紀』は藩祖正之の聡明・利発さを強調したかったものと思われる。

図20　保科正之（狩野探幽筆，土津神社所蔵）

しかし、正之が秀忠と御目見えしていなかったことや、忠長との対面が寛永六年九月ではなかったことは拙著で述べたとおりである。ただ二人が会ったことは間違いなく、おそらくそれは寛永七年十二月八日のことで、その場所も駿府ではなく江戸だったと推定される（拙稿「保科正之と徳川忠長の対面をめぐって」）。

保科正之という人物は、家光の死後、幼将軍家綱《いえつな》を後見し寛文期の幕府政治を主導しただけでなく、朱子学《しゅしがく》にも深く傾倒し『玉山講義附録』などかなり高度な専門書をも編纂するなど、きわめて聡明な人物であった。右の逸話の真偽はともかく、いずれにしても忠長は、こうした弟の存在をつよく認識したことは間違いないところであろう。

自滅への道

情報を集め、交換する大名

大名の生き残り戦略

本書が主に対象とする元和・寛永期は、いまだ幕藩制的な政治・社会秩序が形成途上にあり、諸大名の存続も依然として混沌とした状況にあった。そうしたなかで、大名たちが生き残るための戦略は、将軍や大御所《おおごしょ》の側近（出頭人《しゅっとうにん》）たちと濃密な人間関係を結ぶことであった。というのも、彼ら側近たち、なかでも年寄《としより》と呼ばれた人たちは、幕府の正式な指示・命令を大名に伝達して、その統治に関わるだけでなく、逆に大名の側に立った、様々な指導や助言・勧告をしてくれる存在でもあったからである。

いま誰が将軍の覚えめでたく実力のある年寄か、今後どういった人物が台頭しそうか、そういった情報をあらゆる人脈を駆使して入手し、その人物と懇意な関係を築くことが、大名にとっては御家存続のために欠かせないことだったのである。

細川氏の人脈

たとえば元和二年（一六一六）七月、当時豊前《ぶぜん》小倉《こくら》へ帰国中の細川忠興《ほそかわただおき》は、家康死後の中央政界の状況を金地院崇伝《こんちいんすうでん》に問い合わせ、本多正純《ほんだまさずみ》をはじめとする家康側近たちの動向のほか、「今はたれもかれも大炊殿《おおいどの》へ頼み入る躰と相見え申し候」と、将軍秀忠第一の出頭人である土井利勝《どいとしかつ》への人気が急上昇している、との情報を崇伝から得ていた（『本光国師日記《ほんこうこくしにっき》』）。この土井利勝と細川氏の関係は、早くも（慶長十八年〈一六一三〉）四月二十四日付の書状で「土井大炊殿我々事残る所無き御肝煎り御心付けにて候」と、忠興のためにいろいろと周旋している様子が報じられたように（『細川家史料』）、すでに慶長の末年には忠興は利勝との良好な関係を築いていた。この関係は元

図21　土井利勝（正定寺所蔵，古河歴史博物館提供）

和七年に忠利《ただとし》が家督を継いだ後も維持されていた、というよりもいっそう強化され、利勝は細川家と幕府をつなぐ、きわめて太いパイプとなっていた。

土井利勝のほかにも、細川家にとって幕府への窓口になった人物として、伊丹康勝《いたみやすかつ》や曽《そ》我尚祐《がなおすけ》などをあげることができる。伊丹康勝は土井利勝とも昵懇《じっこん》の間柄で、崇伝が元和二年九月七日付で忠興に「伊喜之介（伊丹康勝）殿出頭上り申し候」と報じたように（『本光国師日記』）、年寄衆にならぶ実力ある秀忠の出頭人であり、忠興・忠利にとって土井についで頼りになる人物であった。いっぽう曽我尚祐は、忠興の父藤孝《ふじたか》（幽斎《ゆうさい》）以来の細川家の縁者で、関ヶ原の戦いの後から秀忠の夜詰衆《よづめしゅう》として奉公しており（『寛政重修諸家譜』）、細川氏にも多くの情報をもたらしていた。

大名を支えていたのは、土井利勝ら幕閣の要路だけではなく、じつは旗本《はたもと》たちのなかにも、大名のために動いてくれる心強い存在がいた。細川家の場合、忠利が少年時代から人質として江戸に居住していたこともあり、ほぼ同年配の加々爪忠澄《かかつめただずみ》・榊原職直《さかきばらもとなお》・堀直之《ほりなおゆき》・内藤正重《ないとうまさしげ》らの旗本たちとも交友を深めていた。彼らは三〇〇〇石前後を知行する比較的大身の旗本で、加々爪が目付《めつけ》から使番《つかいばん》、榊原が秀忠の小姓から徒頭《かちがしら》、堀が町奉行《まちぶぎょう》、内藤が持弓頭《もちゆみがしら》といったように、旗本役のうちでも要職をつとめるなど、秀忠の信頼もあつい人々であった。くわえて加々爪らは土井利勝とも懇意で、たとえば利勝への進物として何がよいかを助言してくれるなど、細川家とすれば、幕府の情報をくれるだけでなく、土井との関係を強固にしてくれる接着剤のような存在でもあった。

大名の交流・人脈づくり

このころ、将軍や大御所だけでなく、諸大名もさかんに「数寄《すき》」（茶の湯）を催し、他の諸大名や旗本たちとの交流をはかっていた。ここで『梅津政景日記《うめづまさかげにっき》』によって、出羽久保田《でわくぼた》藩主佐竹義宣《さたけよしのぶ》を例に、元和七年（一六二一）十月前後における、数寄の様子とその参加者をみてみよう。

まず九月十九日朝の数寄では、酒井忠世《さかいただよ》（年寄）・青山忠俊《あおやまただとし》（家光付年寄）・永井直勝《ながいなおかつ》を招待し、翌二十日朝は外様大名ながら秀忠の信頼あつい藤堂高虎《とうどうたかとら》邸での数寄に招かれ、相客は医師の曲直瀬玄朔《まなせげんさく》と森川氏信《もりかわうじのぶ》であった。二十二日朝の数寄には嶋田重次《しまだしげつぐ》・利正《としまさ》（町奉行）親子を招き、翌二十三日朝の客は藤堂高虎・朽木元綱《くつきもとつな》・曲直瀬玄朔らで、このときは猿楽衆《さるがくしゅう》も呼ばれて謡《うたい》が催された。

さらに翌二十四日朝の数寄では、井上正就《いのうえまさなり》（小姓組番頭）・永井尚政《ながいなおまさ》（同）・森川氏信を招いた。このうち井上と永井は、京都所司代の板倉重宗《いたくらしげむね》とともに「近侍の三臣」（『寛政重修諸家譜』）と呼ばれた秀忠の側近中の側近で、とくに井上については、細川忠利が元和

図22　細川忠利（永青文庫所蔵）

六年六月二十六日付の父忠興に宛てた書状で「よろず主計殿《(井上正就)》、忠興様の儀には御心入れとみえ申し候、其の御心得なさるべく候、いよいよ出頭あかり申し候、何れも江戸中ほめぬ衆は御座無く候事」と、正就が忠興に何かと便宜をはかってくれ、また「出頭」いちじるしく、江戸では褒めぬ者がいないほどであると、次代の幕閣として期待されている様子が報じられていた。

月がかわって十月三日、義宣は、年寄土井利勝邸の数寄に神尾守世《かんおもりよ》（焼火間番頭《たきびのまばんがしら》）・嶋田利正・曲直瀬玄朔らとともに招かれ、五日朝の数寄では安藤重長《あんどうしげなが》（年寄安藤重信《しげのぶ》の嫡子）・酒井忠《ただ》勝《かつ》（後に年寄）・朝倉宣正（徳川忠長の家老《かろう》）・神尾守世・土屋利清《つちやとしきよ》（御膳番）らを、七日朝も日野輝資《ひのてるすけ》・赤見惣右衛門《あかみそうえもん》・土方雄重《ひじかたかつしげ》らを招いていた。

このように、佐竹義宣はこの時期ほぼ連日にわたって数寄を催し、また他家の数寄に招待されていたのである。そして、その相手も、酒井忠世・土井利勝ら幕府政治の中枢にいた年寄から、井上正就・永井尚政・酒井忠勝ら今後年寄として活躍が期待される人々、藤堂高虎といった将軍秀忠お気に入りの外様大名や、幕府の要職に就いていた秀忠側近の旗本たちであった。こうした場を利用して佐竹義宣は、というようりも当時の大名たちは、将軍や年寄に連なる人脈をつくるとともに、様々な情報を仕入れ、また交換したりしていたのである。

大名の書状は一級史料

このほかにも、江戸城に登城した際の控えの間（殿席《でんせき》）なども、大名たちの情報入手や交換の場であったが、そこで仕入れた情報は、少なくとも大名家の上層部で共有する必要があり、大名と家老たち、あるいは江戸と国元の家老同士で、さかんに書状が取り交わされていた。そのためそうした書状には、将軍や大御所ないしその側近たちの動向はもとより、ときに幕府の政策や人事に関する事柄、他家の内部事情といった生々しい情報が綴られていた。だから、当時の政治・社会状況を知るうえにおいて、これらの書状は、当然のことながら後世に編纂された記録史料とは比較にならぬほどの、きわめて有効で信頼度の高い一級史料といえるのである。

なかでも、この後、我々に徳川忠長の状況をもっとも詳しく報じてくれる細川忠興・忠利父子の場合、元和～寛永前半においては、江戸と城地である豊前小倉ないし中津《なかつ》（忠興の隠居領）のあいだを交互・別々に往復し、同じ場所にいることがほとんどなかった。そのため、父子のあいだで頻繁に書状が取り交わされていたのだが、お互いの齟齬をなくすためであろう、返書を認める場合、ときに受け取った情報をその返書のなかにもう一度記して確認しあうという念の入れようであった。

閉塞感ただよう寛永八年

砂糖が降り鳥が共食いをする

さて寛永八年（一六三一）になると、年初から大御所秀忠は不食と機嫌のよくない日がつづき、その容体に諸大名の注目が集まっていた。またその子徳川忠長も、常軌を逸した行動をとるようになっていた。忠長の様子やなぜそうなったのかについては、後に詳しくみることとして、本書冒頭でみた浅間山《あさまやま》の噴火もそうであるが、この年寛永八年の、とくにその前半は天変地異ともいうべき現象が頻発していた。その状況を、このころ江戸にいた細川忠利は八月三日付の書状で、七月三日の月がいつもより明るかったことにふれた後、「当年ほど色々の儀御座候事は、御座無く候事」と端的に報じていた。まずは、そのいくつかを具体的にみてみよう。

春から江戸のあたりでは一切雨が降らず、また低温のため苗の生育がおくれ、飢饉《ききん》が心配されていた。四月十四・十五日の申《さる》の下刻（午後四時過ぎ）から二十五日までは、毎日日食がつづいたという。同じころ、遠江《とおとうみ》の日坂《にっさか》から小夜《さよ》の中山《なかやま》（現静岡県掛川市）あたりや、上野《こうずけ》の臼井《うすい》（現群馬県碓氷郡）周辺、さらに江戸でも砂糖が降ったとされる。細川忠利も「我等見申し候て肝をつぶし申し候」と、実際にみて驚き、木の葉にたまったものを舐めたところ「甘さは糖に少しも違い申さ」なかったという。そのようなことがあるのか、筆者は浅間山の噴火によって降りそそいだ火山灰が甘いのではないかと思い、気象庁に訊ねてみたが、そうした報告例はないとの回答であった。

やはり四月ごろのことであろう、加藤嘉明《かとうよしあき》の領地陸奥《むつ》会津《あいづ》では烏《からす》が二〜三万羽も群集して共食いを始め、無数に死んだという。嘉明の家来が追い散らしたり、打ち殺したりもしたが、逃げる烏はほとんどなく、気になった嘉明は何の前兆かを占ってもらうため、伊勢《いせ》に使者を派遣したりもした。この情報を細川忠利から得た父忠興は「希代の不思議の儀に候」と書き送ったが、これに対して忠利は「事実にて候事」と断言している。松平忠利《まつだいらただとし》が得た情報では、烏のなかに「白鴉《しろがらす》」が一羽おり、それが下知《げち》をくだして十日・五日に一度ずつ合戦したという（「松平忠利日記」）。

周囲一尺五寸の雹が降る

また五月八日には、きわめて激しい雷雨があり、武蔵八王子《むさしはちおうじ》近辺の山際では「大霰《おおあられ》」（雹《ひょう》）が降り、狐・狸・鳶《とび》・烏などがその雹に打たれて無数に死んだという。細川忠利によれば、そこは将軍家の鷹場《たかば》だったため、それらは江戸城に運ばれたので雹が降ったことは間違いなく、しかもその大きさは周囲一尺五寸（約四五センチ）から、それ以上のものもあったという。これが事実ならば、直径はじつに約一五センチとなり、ソフトボールをはるかに上回る、にわかには信じられない大きさの雹が降ったことになる。これも江戸城に運ばれたが、途中で溶けていき、城に着いたときには、それでも握りこぶしほどもあったとされる。

このとき、相模《さがみ》の鎌倉《かまくら》沖では龍水《りゅうすい》（竜巻）が発生し、伊豆《いず》方面からやってきた船一〇艘が残らず上空に巻き上げられ、うち五艘は下に落ち、乗組員のうち一〇人は助かったが、残りは巻き上げられたまま、しばらくわめき声が海岸まで聞こえ、その後は行方がわからなくなったという。さらに鎌倉だけでなく、信越国境の川中島《かわなかじま》あたりでも雹が降り、家々が打ち抜かれ、死傷者はもちろん田畑にも大きな被害が出ていた。

同じ五月八日、上総《かずさ》佐貫《さぬき》城主の松平忠重《ただしげ》の領内では、つぎのような怪異が起こっていた。すなわち南北から黒雲が湧き、その雲先に具足《ぐそく》・甲を身につけた無数の軍勢が現れ、二手に分かれてしばらく合戦を繰り広げ、やがて消えたという。細川忠利が忠重の家臣にたずねたところ、この様子をみた者の口から直接聞いた話ということであった。同じころ、戸田康長《とだやすなが》の領地信濃松本《しなのまつもと》では、山二つ分の大木がことごとくねじ切られるということがあり、また雨が降ったときは百姓の家が青く燃えたという。

豊臣秀頼の祟りか

豊前中津（現大分県中津市）にいて、これら数々の情報を得た細川忠興は「とかく天魔の荒れと存じ候」との感想をもらしていたが、当時の人々にとっては、こうした天変地異や怪異現象は、何か大きな政変や変革の前触れと捉えられることが多く、社会不安を増大させる要因ともなっていた。

とくに雹に関して、細川忠利は、寛永八年（一六三一）は豊臣秀頼《とよとみひでより》の十七年忌にあたり、ことに五月八日はその命日にあたるので、人々は秀頼の祟《たた》りかと恐れおののいている、と父忠興に報じていた。もっとも、忠興はさすがに賤ヶ岳《しずがたけ》の七本鑓《しちほんやり》とうたわれた武将だけあって、秀頼が雹を降らせたのならば「小米ほど成るあられにて候はんと存じ候事」と、秀頼の祟りなどまったく意に介さず平然とこたえていた。

何とも不穏な情勢

寛永八年（一六三一）前半は、大名同士の紛争や大名家内部の騒動も多くみられた年であった。すなわち前田利常《まえだとしつね》（加賀金沢《かがかなざわ》藩主）と京極忠高《きょうごくただたか》（越前《えちぜん》小浜《おばま》藩主）との近江《おうみ》の船着き場をめぐる争い、上杉定勝《うえすぎさだかつ》（出羽《でわ》米沢《よねざわ》藩主）領と相馬《そうま》忠胤《ただたね》（陸奥中村《なかむら》藩主）領の境界で起こった百姓たちの「大喧嘩」による山公事《やまくじ》、京極高広《たかひろ》（丹後《たんご》宮津《みやづ》藩主）と姉婿の八条宮《はちじょうのみや》智仁親王《ともひとしんのう》への化粧料《けしょうりょう》不履行をめぐる出入り、また後に黒田騒動《くろだそうどう》と呼ばれる福岡藩主黒田忠之《ただゆき》と家老栗山大膳《くりやまだいぜん》との対立や、後に柳川《やながわ》事件に発展する対馬《つしま》藩の内紛など、大名同士（八条宮は大名ではないが）の様々な訴訟やもめごとが幕府に届けられていた。いっぽう、陸奥仙台六一万石の伊達《だて》政宗《まさむね》は、昼夜の別なく飲酒と踊りに明け暮れ、発狂や隠居の噂が飛び交うなど、その動向にも諸大名の注目が集まっていた。

　さらに長崎では、外様大名ながら長崎奉行をつとめていた竹中《たけなか》重義《しげよし》（豊前《ぶぜん》大分《おおいた》藩主）の不正を告発する訴状が長崎の町人からあがり、また同じく竹中による肥前《ひぜん》島原《しまばら》藩主松倉《まつくら》重《しげ》政《まさ》毒殺の噂も出ていた。このほかにも、加賀金沢では大火があり金沢城や侍屋敷一〇〇〇軒が、堀《ほり》直寄《なおより》の城下越後《えちご》村上《むらかみ》では三〇〇軒以上が、鳥居《とりい》忠恒《ただつね》の城下山形でも数一〇〇軒が火災によって焼失し、また名古屋城では一日に七〜八ヵ所から出火したという。このように、寛永八年は自然の脅威や怪異だけでなく、何とも物騒で不穏な空気が全国的に充満していたのである。

いっぽうで、このころ幕府は、関東に入る諸街道の警戒態勢を強化していた。寛永八年（一六三一）二月二十三日付の細川忠利書状によれば、幕府は東海道《とうかいどう》の箱根《はこね》や中山道《なかせんどう》の碓井《うすい》の関所をはじめとする越後口・関東口、そのほか関東に通じる脇街道などに人改めの番所を設置し、そのほか不要な街道は閉鎖して、番所と番所のあいだは柵を設けるよう命じ、そのため二〜三日中に奉行が派遣されるという。忠利は、こうなれば箱根から碓井まで残らず柵で仕切られることになり、「大なる儀にて御座候」となかば呆れていたが、実際、幕府による脇道の改めはかなり徹底されていたという。

しかも、忠利の四月朔日付の書状によれば「方々の道筋番所のかためも、其の刻《きざ》みは大納言殿事（徳川忠長）かと存じ候へば、四方御改めの内、東筋いよいよ堅く仰せ付けられ候、扨《さて》は是も政宗事かと存ぜられ候」とあり、忠利は警戒の強化が、はじめは忠長への対策のためかと思っていたが、「東筋」の警戒がより強化されていることから、じつは伊達政宗対策ではないかと報じていた。もちろん、伊達政宗が反幕勢力となって何か行動を起こすなど考えにくいが、それでも幕府が何らかの勢力を想定して、厳重な警戒態勢をとっていたことは間違いない。

戦争勃発の噂

戦争勃発の風聞も流れていた。四月二十八日付のやはり細川忠利書状には、

一、江戸町人申し候は、何方ともなく陣道具しげく誂《あつら》え候、具足などは数もなくうれ申す由に候、薩摩殿（島津家久）も此の沙汰聞かれ候哉、いかなる儀にて、かやうに有るまじき事町さた申し候、如何存じ候哉と、尋ねに御越し候つる、敵を誰と申す事もなく、

右の仕合わせにて御座候、

とあり、江戸の町人がいうには、いずこからともなく武具の注文が相次いでなされ、また具足なども無数に売れているとし、この噂を聞きつけた島津家久《しまづいえひさ》は忠利のもとに「なぜ町人はこのようなあり得ないことをいうのでしょうか、どう思いますか」とたずねにやってきたという。忠利は敵が誰というわけではないが、江戸ではこのような状況ですと、父忠興に報告したのである。戦争の勃発が江戸の町人たちの口の端にのぼっており、このころ、江戸を中心に何ともきなくさい雰囲気が漂っていたことがみてとれよう。

これにくわえて、前にみた諸大名間の紛争や、天変地異の頻発、さらには関東に通じる諸街道の警戒態勢強化といった状況とも相俟《あいま》って、何か例の元和八年（一六二二）に起きた「越前事」を思い出させるような、幕府にとってはある意味危機的な、緊張感ただよう、何とも重苦しい状況が、寛永八年前半には存在していたのである。そして、細川忠利も島津家久も、はっきりと口に出してはいなかったが、当然彼らの脳裏には、こうし

た状況をもたらしているど真ん中に存在する人物として、駿河大納言《するがだいなごん》徳川忠長の姿が浮かんでいたことは間違いない。

乱行の開始

手討ちの始まり

寛永八年（一六三一）に入ると、いよいよ忠長は自滅へ向かって突き進むことになるが、まず年初の忠長の動きを押さえておこう。元日には例年のように、秀忠への年頭の挨拶のため将軍家光が西の丸に渡御《とぎょ》すると、忠長もこれに供奉《ぐぶ》し、御座《ござ》の間《ま》で盃事が行なわれた。二十日も家光とともに西の丸での数寄に相伴《しょうばん》し、二月朔日には、天台宗の論議を西の丸の小広間で秀忠・家光、三家の義直《よしなお》・頼房《よりふさ》らとともに聴聞し、同五日にも忠長は家光の西の丸御成に供奉した（「江戸幕府日記」『源敬様《げんけいさま》御代御記録《ごだいごきろく》』「大猷院殿御実紀《だいゆういんでんごじつき》」など）。このときまでは、忠長が問題行動を起こした記録はみられないが、この二月五日を最後に「江戸幕府日記」などの記録史料から忠長の名は登

図23　徳川忠長（大信寺所蔵）

場しなくなる。そして、その直後から、細川忠利・忠興父子の書状を中心に、忠長の乱行の様が克明に報じられるようになるのである。

まず二月十二日付で、豊前中津に帰国中の父忠興に宛てた細川忠利の書状をみてみよう。

一、駿河大納言(忠長)様、いよいよ御手討ちかさなり、此の十日前に小浜民部子(光隆)御誅伐、その後御伽《おとぎ》の坊主御きり候由に候、年寄衆かたく御異見申され、以来は仰せ付けらるべきとて御かためにて候処、又か様に御座候、御きり候ものを明くる日は御よび候由に候、気のちがひたるにても御座無く候へ共、酒故と承り及び候、此の分に候はば、程無く一はく(伯)殿のことくならせられ候はんとの、上下取りさたにて御座候事、

これが、細川氏が忠長の手討ちの様子を報じた最初のものである。すなわち、忠長の家臣への手討ちが重なっており、この一〇日前というから二月二日ごろであろうか、幕府の

西国船手頭《ふなてがしら》小浜光隆《おばまみつたか》の子で忠長に奉公していた者を誅伐し、その後、伽に出ていた坊主をも斬ったという。忠長はこれ以前からも家臣の手討ちを行なっており、朝倉宣正《あさくらのぶまさ》らの駿府《すんぷ》藩年寄衆がきつく異見をくわえ、忠長も納得して手討ちをしない約束をしていたのに、またやってしまったというのである。しかも斬り殺した者の名を、翌日には呼んでいるという。忠利は、忠長が発狂したわけではなく、酒に酔っての行為と承っているとし、このままでは松平忠直のようになるだろうとの評判ですと、報じたのである。とくに、殺害した者を翌日には何事もなかったように呼び出すくだりは、まさに常軌を逸した正気とは思われない状態であり、これを受けた忠興は「言語を絶し候」と驚嘆していた。

注意しなければならないのは、忠長の行状を忠利が実際にみたわけではなく、すべて伝聞の記述であるということである。前述したように細川忠利らは様々なルートから情報を得ていたが、忠長のことについては、その情報源はいっさい記されていない。しかし、この後の忠長の行動をみれば、幕府が偽の情報を意図的に流したとも考えにくく、忠利の得た情報はほぼ事実とみて間違いないものと考えられる。

家光と秀忠の対応

将軍家光や父である大御所秀忠は、忠長のこうした行動に対して、いかなる対応をとったのだろうか。つぎにあげる二月十八日付の忠利書状が、その点を雄弁に語ってくれている。

一、駿河大納言殿、日ごろ切々御内衆御手討ちしげく候故、将軍様より右に三度御使いにて御異見、また御直に両度御異見成され候処、度々《たびたび》御同心にて、其の上又此の程御手討ち御座候、其の上駿河にては、辻伐りなどに御出で候由、かやうの儀、随分相国(秀忠)様御耳に立たざる様に成され候へども、左様に候ても御異見御同心無く候間、不慮も御座候へばいかゝに候と思し召し、相国様へ御談合成され候処、左様の儀御存じ無く候、とかく将軍様の御異見を御同心無き上は沙汰の限りとて、相国様御前はきれはなれたる様に承り及び候、然れ共、将軍様急度《きつと》御異見成さるべきとて、二月十四日に雅楽殿(酒井忠世)・大炊殿(土井利勝)御使いにて、将軍様より大納言殿へ急度御異見御座候由に候、然れ共、以来も中〱御異見立ち申す間敷き様に承り及び候、然る上は、上総殿(松平忠輝)などのごとく成り行き申すべきとの讃談にて御座候、にが〱敷き儀と申す事にて御座候、

忠長の手討ちが重なったため、家光は三度ほど使者を遣わして、また、西の丸への御成などで同席したときだろうか、みずからも二度にわたり異見を加えていた。忠長はその都度同意するものの、また今回手討ちにおよんだのである。しかも国元の駿府では、辻斬り

まで行なっていたという。家光は、忠長の行動をなるべく秀忠の耳には入れていなかったが、辻斬りのことを聞くと、忠長が返り討ちにあったり自害するなど、万一のことがあってはと秀忠に報告した。秀忠は将軍の異見を聞き入れないのは「沙汰の限り」と、忠長とは二度と会わないことを宣言したという。いわば勘当《かんどう》処分である。そして、秀忠にとって忠長の非行はきわめて衝撃が大きかったようで、これ以後、病が重篤になっていくのである。

しかし、現将軍の家光としては、弟のことでもあり何もしないわけにはいかなかった。二月十四日に酒井忠世・土井利勝の両年寄を忠長のもとに送り、厳しく異見をくわえたという。この情報を得た忠利は、今後も忠長が異見を聞き入れることはなく、そうなれば松平忠輝《ただてる》と同じ処分が下されるとのもっぱらの評判ですとし、苦々しいことだと結んでいる。松平忠輝とは秀忠の弟で、越後高田《たかだ》で七五万石を領したが、大坂夏の陣への遅参や秀忠の家臣二人を殺害したことなどから元和二年（一六一六）に改易《かいえき》され、伊勢朝熊《あさま》に配流された親藩大名である。

忠長はもちろん冷静なときもあり、二月二十三日付の忠利書状によれば、二月十六日に、一度は本丸に登城して家光と対面のうえ異見への礼を述べていた。

その後二月二十二日になると、秀忠は火事その他の緊急事態のとき、江戸城二の丸内に入るべき一二〇騎余の家臣を定めた。この様子を報じた細川忠利は、忠長の乱心に備えた処置ではないかと推測している。また関東へ入る諸街道の警戒態勢が厳重となったのもこのころである。秀忠は、自暴自棄となった忠長が軍勢を動員すると、本気で考えていたのだろうか。もしそうだとすれば、忠長がそうした行動をとる動機やその兆候を、秀忠はある程度察していたことになる。

極まる忠長の乱行

さて、いったんは冷静さを取り戻したかにみえた忠長だったが、酒井忠世らの異見がよほど勘にさわったのか、その乱行に拍車がかかるようになった。細川忠利は二月二十九日付の書状で、忠長の様子をつぎのように報じている。

一、甲斐大納言殿（忠長）の儀、先度御異見の後、おうへにて小上臈《こじょうろう》を御きり候、御つほね（局）とりさゐ手負い申され候、とかくつゞき申すべき躰にて御座無く候、内々は御酒かと存じ候へは、御酒にて御座無き由に候、只今は御気違いきり申すべきか、又若しなおり申すべきかとの半ばに申し候、然れども、よき様申す分、右の仕合わせにて御座候、忠長は、女性たちのいる部屋で「小上臈」を斬り、それを止めようとした「御つほね」にも手傷を負わせた。常にこうした状態ではないものの、忠利によれば、酒乱かと思えばそうでもなく、現在は狂気と決まるか、更生するかの半ばであるとしつつも、それはよく見積もってのことだという。そして、この書状の別の部分で忠利は「行く末久しかるまじきと存じ奉り候事」と、忠長の絶望的な将来を予測していた。

さらに忠長の乱行はつづいた。三月十一日付の書状をみてみよう。

一、駿河大納言殿、いよいよ御心むらに罷《まか》り成り、此の比(頃)大炊殿(土井利勝)・雅楽殿(酒井忠世)御使にて御異見候後、内藤二(仁)兵衛と申し候て、内伊賀殿(内藤忠重)弟、大納言殿に御もり分にて御奉公候処、四五日以前に大納言殿具足甲をめし、右の仁兵衛を御成敗なされ候はんと候所を、二兵衛にげ申し候、其の後、かぶろ(禿)を唐犬《とうけん》にくはせなされ候、又女壱人、酒にて御責めころし候、中〳〵にか〳〵敷き儀共、書中に述べ難く候、定めて近々急度御仕置きもなされ、は(刃)物をも御取り成さるべくと存じ奉り候、御側衆今は二人計《ばか》りにて、残らず煩《わずら》い分にて出で申さず候故、いよいよ御腹立ち候て、御気も乱れ申す由に候、勿論、両上様へ御出で候事成り申さず候、何事か出来申すべきと何れも気遣い仕り候、然れども、御内の衆御気ちがいを能《よ》く存じ候間、御一人御狂い候分

は苦しからざる儀と申す事にて御座候、

やはり土井利勝と酒井忠世の異見の後、忠長は家光付年寄内藤忠重の弟で忠長に守役として奉公していた内藤政吉《まさよし》を「成敗してやる」と、具足・甲を身につけて追いかけ回した。政吉が逃げると、今度は「かぶろ」（髷《まげ》を結わず前髪を短く切りそろえた少女）を殺害して唐犬に食わせ、はては女中を酒責めにして殺すという、まさに乱行極まれりといった状態であった。

忠利は、近々厳しい仕置きがなされ、忠長の身辺からは刃物も取り上げられるだろうとし、現在、忠長に仕えているのは側衆二人だけとなり、その他の家臣は煩いを理由に出仕せず、するとますます立腹し取り乱している。もちろん秀忠・家光に対面することはなく、周囲の人々は不測の事態を憂えているが、逆に忠長の家臣たちは忠長一人の発狂ゆえ、自分たちの身上に害はおよぶまいと楽観しているというのである。

辻斬りまで行なう忠長

これより前、寛永六年（一六二九）六月ごろ、江戸では昼夜にかかわらず辻斬りが横行していた。幕府はその対策として六月二十日、在江戸の諸大名に対して、辻斬りが出たときには、現場前の屋敷の者がどこまでも追いかけて犯人を取り押さえ、刀・脇差《わきざし》を取り上げ、様子を尋ねたうえで奉行所に注進せよ、

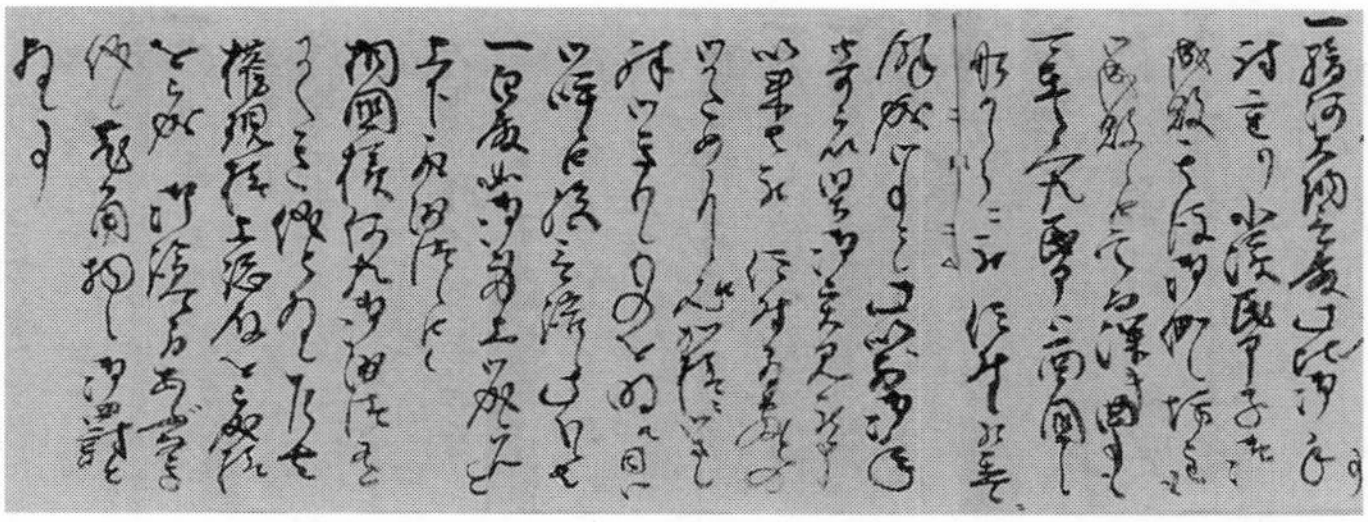

図24　寛永８年２月29日付細川忠興自筆書状（永青文庫所蔵）

犯人をすぐに殺害してはならないが、抵抗する場合には打ち殺してもよい、という趣旨の触れを出していた（『綿考輯《めんこうしゅう》録《ろく》』）。

家光が忠長の手討ちを秀忠に伝えた、二月十八日付の細川忠利書状にも、忠長の辻斬りのくだりがあったが、これを受けた忠興は三月朔日付の返書でつぎのように報じた。

一、駿河大納言殿儀両通見申し候、言語を絶し候、此の前江戸にて辻切りの時、悪党を当座に切りころさずとらへ候へと、御年寄衆よりの書出に候つる、此の所不審に存じ、其の方へも尋ね候つる、覚えらるべく候、只今駿河にて辻切りに御出で候由に候、扨は江戸にての事もこのおこりにて候つる哉と存じ候、御気違いにても有る間敷く候、御無分別、御随意故と存じ候、

忠興は、寛永六年の江戸での辻斬りのとき、「悪党を当座に切りころさずとらへ候へ」という幕府の指示を不審に思っ

ていたが、忠長がいま、駿河で辻斬りに出ていることを聞き、不審だったことがなるほどと納得できたというのである。忠興の考えが当たっていれば、忠長はその頃（寛永六年）から江戸においてしばしば辻斬りを行ない、幕府もそれを認識していたことになる。とすれば、忠長が手討ちを開始した後、秀忠が二の丸へ入る一二〇騎余の騎馬武者を定めていたことも、関東へ入る街道の警戒を強化したのも、それなりに合点がいくというものである。

ただし、辻斬りの場所については、忠興は「只今駿河にて」と書いているが、前述のように忠長は寛永八年二月五日までは確実に江戸におり、かつ手討ちの開始がおそくとも二月二日前後と江戸にいた時期でもあり、その後に幕府が忠長の帰国を許すはずはないので、忠長の凶行はすべて江戸屋敷でのことと考えられる。とすれば、忠長が駿河で辻斬りを行なっているという忠興が得た情報は、秘かに江戸の屋敷を抜け出してのことか、あるいはこれ以前に忠長が帰国したときのことの誤伝、ということになろう。いずれにしても、忠長は家臣の手討ちのみならず、辻斬りまで行なっていたのである。忠興はこれを「気違い」というより、「御無分別、御随意故と存じ候」つまり分別がなく我ままなのだと切って捨てているが、これは幼少期に秀忠夫妻、とくに母お江与《えよ》の方に溺愛されていたという、忠長の生育環境を念頭においての意見だろうか。
また忠興は、四月五日付の返書で「能《よ》き時分御狂心あらはれ、将軍様いよいよ御長久の儀と還って目出度《めでた》く候事」と、よい時期に忠長の狂心があらわれたことで、将軍家光の立場はむしろ安泰となり、かえってめでたいことだと報じていた。老練な忠興がこうした感想を持つということは、家光がどう思っていたかは別としても、忠長の存在がそれだけ将軍家光にとっては脅威となっていた、とみられていたことを物語っている。

非情な秀忠と苦悩する家光

忠長の凶行に対して、父秀忠が忠長の出仕を許さず勘当したことは前に述べたが、そのときの秀忠・家光はいかなる思いだったのか。二人の心情は、つぎの島津家の江戸家老伊勢貞昌《いせさだまさ》・島津久元《ひさもと》が、国元の重臣に宛てた三月二十八日付の書状からみてとることができる（「旧記雑録後編」）。

又当公方（家光）様の御舎弟駿河大納言様、以ての外人を御斬り成され、御悪行増し候旨、相国（秀忠）様聞こし召し付けられ、御男子の儀は御両人迄にて候あいだ、笑止に思し召し候へ共、此の如きの御悪儀成さる人を立て置かれ、天下の乱に及ぶべき事、非道理に候あいだ、御子にてはこれ無く候条、如何様にも将軍様より御成敗有るべきの由、仰せ出され、相国様御前は御親子のあいだ相果て候、すなわち、忠長の凶行を聞くと、秀忠は「自分の男子は二人しかいないので残念に思うが、このような悪儀を行なった者を生かしておいては天下の乱に及ぶ。道理を逸しており、もはや自分の子とは思わぬので、如何様にも将軍の思うように成敗すべし」と述べ、親子のあいだが果てたという。秀忠は、非行を繰り返すとはいえ、実の我が子の命よりも体制の安定を優先させたのであり、その意味では、秀忠の非情さが表れた対応である。

いっぽう家光については、右のくだりにつづいて、つぎのように記している。

> 将軍様別にも御座無き御兄弟の故、御惜しみ成され、色々御意見とも候て御覧の躰に候へ共、いよいよ御悪事止まず候あいだ、何方へか上総守（松平忠輝）（介）殿の如く遠所へ籠居《ろうきょ》の御沙汰と相聞こえ候、

家光は、忠長が二人といない兄弟なので惜しく思い、いろいろ意見をくわえて見守っていたが、「悪事」が止むことはなかったので、どこか松平忠輝のように遠所に「籠居」（謹慎）させることにしたらしい、というのである。事実としては家光の兄弟はもう一人おり、おそらく島津家の家老が保科正之《ほしなまさゆき》の存在をまだ知らなかったのだろうが、いずれにしても右の部分を素直に読めば、父秀忠とは違って、家光は弟を思い遣り、何とかその更生に期待していたことがうかがえよう。しかし、忠長は家光の思いとは裏腹に凶行を重ね、その

結果、秀忠の指示もあり、家光はまずは忠長の謹慎先を探すことになったのである。

三月二十一日付の細川忠利書状には「将軍様遣わされ候所を、色々御思案にて御座候」とあり、家光は忠長の謹慎先の選定に苦慮していた。日夜秀忠との談合を重ね、そのため諸大名への振る舞いはできず、島津氏には近々許されるはずの帰国も延期され、細川家でも忠利の嫡子六丸《ろくまる》（後の光尚《みつなお》）の家光との御目見えも控えるほかなかった。また「能拍子」も行なわれていないという、閉塞状況にある江戸の様子が細川氏によって語られていた。

忠長の謹慎先については、四月朔日には陸奥磐城平《いわきたいら》藩主の内藤政長《まさなが》に預けの噂が流れた。四月七日には「甲州《こうしゅう》の山家へとも申し候、又安房国《あわのくに》の内へ御出でとも申し候」と、磐城平のほか甲斐や安房といった場所が候補地とされていた。なかでも三月二十八日付の土佐《とさ》藩主の山内忠義《やまうちただよし》の書状には「御気ちがはせられ候に相極まり、やがて甲斐国へ御越し候様に仰せ付けられ、御煩い御養生と相聞こえ候」とあり、忠長は狂気と決まり、その養生のために甲斐への謹慎が有力とされていた（「山内家文書」）。

みずからの謹慎先が検討されていたことをよそに、忠長は、あろうことか付家老《つけがろう》朝倉宣正の処分を秀忠に訴えていた。四月朔日付の細川忠利書状によれば、忠長は、家老の朝倉宣正に不届きがあるので、切腹を命じてほしいと奥向を通じて秀忠に嘆願したという。忠利が「むざとしたる儀」と述べたように、これは忠長の軽率な行動というほかなく、一瞬の激情による手討ちなどとは異なり、もはや冷静な判断ができない忠長の状態を表している。

どこまでも奉公を望む朝倉宣正

秀忠は「此の分にては、筑後（宣正）も大納言殿へ出で候事成る間敷く候あいだ、とかく大納言殿を何方へも御預け成さるべく候条、筑後は其のまま罷り有り候へ」、すなわち、このままでは宣正も忠長に出仕できないだろうから、忠長をどこかへ預けるので、宣正はまずはそのまま屋敷にとどまるように、と指示した。これを受けた宣正は、忠長が手討ちを行なったといっても、「両上様」に不埒《ふらち》な振る舞いをしたわけではなく、たとえ手討ちにされようとどこまでも忠長に奉公したいとし、もし忠長をどこかへ預けるのならば、まず検使一人を派遣され、宣正に切腹を命じた後にしてほしい旨をつよく主張した。主君忠長の凶行を押さえられなかった宣正とすれば、主君をかばい、まずは自分で責めを負うと応じるほかなかったのであろう。

これを聞いた秀忠は、激怒してあやうく宣正に切腹を命じるところだったが、宣正の縁者でもある土井利勝の取り成しで（宣正の正室は利勝の妹）、まずは酒井忠世の嫡男忠行《ただゆき》のもとに宣正を預けることとしたのである。このほか、もう一人の付家老鳥居成次《とりいなりつぐ》は、病のため使いものにならず、その他の重臣も手討ちにあったり、煩いを理由に出仕しない者もあったりで、側には幼い子どもが二人しか仕えていないというのが、このころの忠長の周囲の状況であった。なお鳥居成次はこの年六月十八日に死去し、嫡男の忠房《ただふさ》がその跡を継いでいた（『寛政重修諸家譜』）。

甲斐甲府への謹慎と赦免の嘆願

衰弱する秀忠

その後の忠長の様子をみる前に、ここで大御所秀忠の病状にふれておこう。寛永八年（一六三一）初頭から食が細くなり、機嫌のよくない日がつづいたことは前に述べた。ただ痩せることもなく顔色も良好であったが、二月十二日に忠長の行状を聞くと、よほど衝撃が大きかったのか「御むねのかたまり物差し出で、御痛み大形《おおかた》ならず」という状態になった（『細川家史料』）。この「むねのかたまり物」は、寛永六年に家光が疱瘡《ほうそう》を患ったころ、左乳の皮肉のあいだにできたもので、それが再発したのである。病は癪《しゃく》と診断され、萬病圓を服用したところいったんは回復したものの、この後おおいに秀忠を苦しめることとなった。

秀忠は以前から眼病も患っており、この年の春から悪化し、六月には片方がまったくみえなくなっていたという。それでも四～六月ごろは食事もすすみ、比較的良好な状態を保っていた。しかし、七月十二、三日ごろから腹痛や腰痛をもよおすようになり、また大便もとどこおりがちとなった（『島津家文書』）。ついで同月十七日に紅葉山東照社《もみじやまとうしょうしゃ》に社参したところ、翌日から体調が一気に悪化し、ついに病臥するようになった。在江戸の諸大名は毎日のように登城し、秀忠の病状を見舞った。このときの病は回虫《かいちゅう》が原因で腹痛が起こる「寸白《すんぱく》」とされ、秀忠は灸や薬の服用など養生に努め、その後、病状は一進一退を繰り返した。

九月に入ると、癪による胸痛を断続的に繰り返すようになった。九月二十二日付の細川忠利書状によれば、秀忠は日をおうように痩せていき、また胸の「かたまり物」は、長さ四寸、太さは親指大の「いきもの」のようで、頭は固く、うわ口が長くした口が短いという。しかも、それが方々に動き廻り、そのときには激痛がはしり両手はしびれ、「御気も遠きほとに」なるという。こうしたことからか、諸大名のあいだでも、少しずつ「御大事」がささやかれるようになっていた。

閏十月二十六日ごろには「蟲《むし》」が起こった。痰《たん》がつまり、薬によって痰は切れたものの、そのとき大栗ほどの血の塊を二つも吐き、翌日も痰に血が混じる状態で、十一月には一晩に一八度も血を吐くこともあったという。もはや誰の目にも「御大事」、すなわち秀忠の死は現実のものとなっていたのである。

甲府への謹慎が決定

いっぽう忠長の状態はというと、四月後半から五月前半にかけては、一時落ち着きを取り戻し、処分は立ち消えになるかにみえた。ところが事態は急変する。細川忠利が父忠興に宛てて、武蔵八王子などで大きな雹が降ったことを、書状に認めていた五月十五日のまさにそのとき、忠長の処分決定を知らせる情報が忠利のもとに飛び込んできた。忠利は、その様子を右のように父忠興に報じている。

一、駿河大納言殿の儀、かやうに書状調え申し候内に、先ず甲斐国へ御座候へと仰せ出され候、御返事に御意次第、去りながら、何方へも遣わされ候は、直に遣わされ候様にと仰せられ候、又御意に、此の中迄《うち》の駿河の御仕置き土佐・筑後（鳥居成次・朝倉宣正）仕りたる物にて候、甲斐国にて御一分にて御仕置き候へ、能く候は連々駿河へ遣わさるべく候、悪しく候は御身上果てらるべきの由、仰せ出され候、此の分に相済み申し候、

すなわちこの日、家光は忠長に甲斐国（甲府《こうふ》）への謹慎を命じたのである。これに対して忠長は「御意次第」としながらも、直接甲府へ向かうことを願ったとされる。忠長の謹

慎先については、鳥居成次の領地谷村《やむら》という説もあるが、六月二十一日付の土佐藩主山内忠義書状に「駿河大納言様御煩いにて、終《つい》に御しつまり成されず候故、去月廿九日甲州府中へ遣わされ候」とあるので（「山内家文書」）、甲府とするのが妥当であろう。その場所は、『甲斐国志』によれば甲府城西追手前四二番の屋敷だったという。

ここで留意すべきは、謹慎の地が陸奥磐城平・安房・甲斐と噂されたなかで、江戸・駿府にもっとも近く、かつ忠長の領内でもある甲府が選ばれたことであり、またこれまで藩政を執行してきた鳥居・朝倉の両付家老が、病気や預けで藩政から離れたいま、家光は「甲斐国にて御一分にて御仕置き候へ」と、忠長自身による「仕置き」を命じ、それが良好ならば、これまで通り駿府城主としての復帰を約束していたことである。

もちろん、ここでの「御仕置き」を藩政の執行と捉えれば、これまでの行状からも忠長にとっては荷が重く「身上果て」る、つまり改易となる可能性が高かったかも知れないが、謹慎の身で政治運営にあたるとは考えられないので、ここでの「御仕置き」は謹慎の仕方と捉えた方が適切であろう。いずれにしても、家光は忠長が正気を取り戻し更生すれば、駿府藩主として存続する余地を残していたのであり、依然として「別にも御座無き兄弟」である忠長を思い遣り、その更生に期待していたことがうかがえるのである。

処分決定から一四日後の五月二十九日、忠長は甲府に向けて江戸を出発した（「山内家文書」『源敬様御代御記録』）。その後の駿府藩の状況は、五月三十日に朝倉宣正が酒井忠行への預けを許され（「松平忠利日記」）、駿府に赴いて藩政や家臣団の指揮にあたり、鳥居忠房が江戸に詰めて忠長の正室や江戸屋敷を守衛することになった。また屋代秀正《やしろひでまさ》・興津直正《おきつなおまさ》・天野清宗・内藤政吉・日向正久・村上吉正らが交代で甲府に詰め、大番頭をつとめていた渡辺忠《わたなべただし》・松平正朝《まさとも》・松平重成《しげなり》・朝比奈泰重《あさひなやすしげ》らが、やはり交代で駿府城と甲府城の勤番にあたった（『東武実録《とうぶじつろく》』）。

秀忠の病を案ずる忠長

忠長が甲府に謹慎すると、その情報が入らなくなったのだろう、細川忠興・忠利父子の往復書状に忠長の記事はほとんどみられなくなる。だが、大御所秀忠の容体が悪化した寛永八年（一六三二）の秋以後、忠長の動きは活発になっていった。忠長は甲府の八幡社《はちまんしゃ》や美和《みわ》神社などの諸社に、秀忠の病気平癒の祈禱を依頼し、いよいよ重篤となった年末の十二月二十八日には、美和神社につぎのような立願状《りつがんじょう》（原漢文）も奉納した。

立願状之事

今度秀忠様御不例大験《たいけん》を得させられ、喜悦《きえつ》の眉《まゆ》を開かしめ給うに於いては、当社再興

奉るべき者也、仍《よ》って願書敬曰

寛永八歳辛未十二月廿八日　大納言源忠長

秀忠の病が回復したあかつきには、神社再興まで約束しており、父秀忠の病回復のために必死になっている忠長の姿をみてとることができる（「今沢文書」「坂名井史郎家文書」）。また秀忠を案ずるあまり、いてもたってもいられなかったのだろう。閏十月十五日、忠長は金地院崇伝に宛てて、つぎのような書状を出した。

一書啓達せしめ候、仍って相国様（秀忠）いよいよ御快気を得させられ候の由、目出度く存じ

図25　以心崇伝（狩野探幽筆，金地院蔵）

奉り候、随って我等儀、遠所に罷り在り、御機嫌の御様躰、御心元なく存じ候儀、御推量成さるべく候、其れに就いて、江戸近辺まで罷り越し、御機嫌窺い申したく存じ候、其の元御次いでの節、御年寄衆へ右の通り御相談頼み奉り候、委細渡辺監物（忠）口上に申し含め候、恐々謹言、

駿河大納言

閏十月十五日　忠長判

国師老（金地院崇伝）

すなわち、忠長は父秀忠の容体をうかがうため、すこしでも江戸の近所まで出向きたく思い、年寄衆への取り次ぎを金地院崇伝に依頼したのである（『本光国師日記』）。同様の依頼は南光坊天海《なんこうぼうてんかい》にも行なっていたが（「賜芦文庫文書」）、これは崇伝や天海が幕府への影響力が大きかったというだけでなく、そもそも僧侶には罪人を保護しその赦免を請うという役割があり、忠長はそうしたことに望みを託したのである。もちろん、ただ病状を見舞うのではなく、後にみるように、秀忠の許しを得たいというのが、もっとも大きな望みだったことは間違いない。

崇伝も登城した折など、酒井忠世・土井利勝・酒井忠勝らの年寄衆に面会し、忠長の嘆

願の内容を披露していた。また十一月七日付の返書には「其の御地に於いて諸事御慎み成され、御神妙に御座成され候御様躰、此の地へも具《つぶ》さに相聞こえ候、各能く存ぜられ候、連々両上様聞こし召さるべく候」と(『本光国師日記』)、忠長が甲府において諸事を慎み、神妙にしていること、それは江戸にも届いており、年寄衆各々もよく知っているので、いずれ秀忠・家光の耳にも入るだろうことを報じており、崇伝も忠長の願いが叶うよう運動し、忠長の望みをつないでいた。

前非を悔いる忠長

しかし、あれだけの凶行を重ねた忠長の願いを、幕府が取り上げるはずはなかった。それでも何とか望みを叶えるべく、忠長はこれまでの「御行儀御後悔に思し召し、以来御慎みの御心躰」を「書付《かきつけ》」にするので、年寄衆に取り次いでほしい旨を崇伝に依頼し、十二月十六日付で三ヵ条の「書付」を提出した(『本光国師日記』)。これは、天海宛ての同文の「書付」があるので、天海にも崇伝同様の依頼をしていたのだが、やはり事態は忠長の思い通りにすすむことはなかった。年が明けると秀忠の病状はますます悪化し、二十日には薬も受けつけなくなり、もはやその死は時間の問題となっていた。そうしたなかで、つぎの史料は、忠長が正月十一日付で天海に提出した三ヵ条の「書付」である(「賜芦文庫文書」)。

一、旧冬も申し入れる如く、我等煩い故、召し遣う者共むさと申し付け、重々罷り違い、唯今に至り後悔に候へども、是非に及ばず候、若し又拠《よんどころ》なき儀も御座候はゞ、御年寄衆へ相談せしめ、指図次第申し付くべき事、
一、向後《きようこう》に於いては、万事御年寄衆御指図次第に仕るべく候事、
一、右の旨うろん（胡乱）に思し召し候はゞ、重ねてせいしゅ（誓詞）を以て御指図次第何分にも申し上ぐべく候、各御年寄衆へ相談せられ、将軍様より相国様（秀忠）へ御侘言《わびごと》成され下され候様に頼み奉り候、只今相国様御不例の砌《みぎり》、か様に罷り有る儀一入《ひとしお》迷惑、御察し有るべく候、

駿河大納言
（寛永九年）正月十一日　忠長（花押）
（天海）大僧正

この「書付」からは、「煩い」のためとはいいながらも、これまでの行状を「重々罷り違い」と反省し、今後はすべて年寄衆の指示にしたがい、それが信じられなければ何度でも誓詞を提出するという、前非を悔い改める忠長の様子をみてとることができる。だが、もっとも注目すべきは、「将軍様より相国様へ御侘言成され下され候様に頼み奉り候」の

部分で、ここでは将軍家光から父秀忠に詫びてくれるよう頼んでいるが、追い詰められた忠長とすれば、一縷の望みを兄家光に託したということだろうか。

忠長の嘆願はなおもつづいた。

尚以て、只今御機嫌悪敷き内へ、少しも江戸近所へ罷り越し、御気色の御様躰承り度きばかりに存じ奉り候、思し召しの通り、御内所《ごないしょ》にて仰せ聞かさるべく候、

一筆啓達せしめ候、相国様御機嫌、次第に草臥《くたび》れ成され候由承り、御心元なく存じ奉り候儀、御推量成さるべく候、江戸近所迄も罷り越し度く存じ候が、思し召しの通り、御内所にて仰せ聞かされ下さるべく候、我等心中の程御察し有るべく候、恐々謹言、

駿河大納言

正月廿五日　　忠長（花押）

大僧正

秀忠が危篤状態にあることが、甲府の

図26　天海大僧正（本覚院所蔵）

忠長のもとにも届いていたのであろう、この天海に宛てた正月二十五日付の書状によれば、忠長はなおも江戸の近所まで罷り越し、秀忠の病状をうかがいたい旨を懇願し、天海の指示もあって「御内所」（奥方）にも手をまわし、そこからの返答を待ったのである（「賜芦文庫文書」）。

秀忠の死と遺産分け

だが、忠長の願いが叶うことはなかった。皮肉なことに、右の天海に宛てた書状が書かれる一日前、寛永九年（一六三二）一月二十四日亥刻《いのこく》（午後一〇時ごろ）、すでに秀忠は江戸城西の丸で五四年の生涯を閉じていたのである（『本光国師日記』『東武実録』『源敬様御代御記録』など）。

秀忠の死や家光の様子などを、崇伝は正月二十六日付で忠長の家老鳥居忠房に宛てた書状でつぎのように報じた（『本光国師日記』）。

一書言上致し候、相国様（秀忠）廿四日の亥の刻薨去成され候、将軍様御周章、下々諸人十方御座無き躰に候、大納言様其の御地に於いて、御驚嘆成さるべくと察し奉り候、御存生の内御対面無く、御残り多く思し召さるべく候、内々仰せ出され候趣き、公儀《こうぎ》故遅々、拙老式まで迷惑仕り候、猶具《つぶさ》の義、渡辺監物（忠）方より申し上げらるべく候、

崇伝は、父秀忠の死に直面して狼狽《ろうばい》する家光の姿と、周囲の者たちの悲嘆の様子を告げ

るとともに、忠長の驚嘆と無念さを推察し、その願いが叶わなかった理由を「公儀故遅々」と書いていた。つまり年寄衆を介したため遅くなったというのである。しかし、その嘆願は、前年の閏十月半ばからなされていたのだから、忠長を納得させたとはとうてい思えない。おそらく秀忠には、はじめから忠長の願いを聞きいれる気はなかっただろうし、たとえあったとしても、それ以前に年寄衆のところで握りつぶされていた、というのが実情ではなかったろうか。いずれにしても、秀忠の死によって、忠長の命運はすべて兄家光に委ねられることとなったのである。

一月二十七日の夜、秀忠の遺骸は土井利勝と一〇人ほどの近習衆《きんじゆうしゆう》につき添われながら、秘かに西の丸から増上寺《ぞうじようじ》に移され、松平正綱《まさつな》と伊丹康勝の奉行のもとで土葬にされた。葬儀は遺言にしたがって、増上寺において二月十五〜二十四日までいとなまれ、その間の二十日には朝廷から秀忠に台徳院殿《たいとくいんでん》贈正一位の勅号が贈られ、二十二日に勅使西園寺公益《さいおんじきんます》前内大臣によって霊前に位記が捧げられた（『本光国師日記』『東武実録』）。

秀忠が死ぬと、その直後に秀忠の子・兄弟に形見分けが行なわれた。まず嫡子家光には、将軍襲職のときに金五〇万枚、五畿内や関東の直轄領その他が譲られていたが、このとき改めて秀忠の遺物《ゆいもつ》、すなわち不動国行《ふどうくにゆき》の太刀・江雪正宗《こうせつまさむね》の太刀・宗三左文字《そうざさもんじ》の腰物《こしもの》・豊後《ぶんご》藤四郎《とうしろう》の脇指・円悟《えんご》の掛物《かけもの》・楢柴《ならしば》の茶入・捨子《すてご》の茶壺などが分けられた。

また弟である徳川義直には会津正宗《あいづまさむね》の脇指と一休面壁《いっきゅうめんぺき》の掛物が、徳川頼宣《よりのぶ》には寺沢宗貞《てらさわむねさだ》の脇指と一山一寧自讃《いちざんいちねい》の塞翁《さいおう》の掛物が、徳川頼房には切刃宗貞《きっぱむねさだ》の脇指と藤原俊成《ふじわらとしなり》・定家《さだいえ》の掛物などが与えられた。このほか秀忠の娘たちや縁《ゆかり》の女性はもちろん、諸大名から幕臣の末端に至るまで、秀忠の莫大な遺産（金銀）が分与された。だが、秀忠から勘当されていた忠長には、何一つ分けられることはなかった（『東武実録』「江戸幕府日記」『本光国師日記』）。

なお、この遺物や遺産の分配は、形のうえでは家光が行なっていたが、秀忠の遺志が最大限に反映されていことは間違いない。なぜなら、秀忠みずからの遺産ということもさることながら、秀忠は突然死んだわけではなく、これまでみたように、徐々に衰弱した後の死であり、分配先を考える時間的余裕が十分にあったからである。

改易そして自害へ

高崎への逼塞と駿府藩の滅亡

「御代始めの御法度」

大御所《おおごしょ》秀忠が死去すると、寛永元年（一六二四）以来とられてきた将軍家光と大御所秀忠との二元体制は解消し、これ以後、幕府政治は家光による強力な路線のうえに展開していく。しかし家光政治の船出は、思うほどに順風満帆なものではなかった。この前年の寛永八年が、不穏な情勢が渦巻いていた年だったことは前に述べたが、秀忠が死去したからといって、それらが一掃されることなどあるはずもなく、また家光にすれば、大御所という庇護者がいなくなったのだから、むしろ緊張感はいっそう高まったはずである。

家光は、秀忠が死んだ直後から、配下の旗本《はたもと》を目付《めつけ》として江戸市中に放ち、諸大名以下の動静を監視させ、彼らを恐怖に陥れていた。また同じ年（寛永九年）の十二月には、後の大目付に相当する井上政重《いのうえまさしげ》・柳生《やぎゅう》宗矩《むねのり》ら四人に、民情の視察から年寄衆《としよりしゅう》の監察までをも行なわせ、いっそう監視体制を強めた（『東武実録《とうぶじつろく》』）。こうした恐怖政治は、まさに家光政権が抱えていた不安定さ、緊張感の裏返しでもあった。

　こうしたなか、家光の強権が最初に発動されたのが、肥後熊本《ひごくまもと》五二万石加藤忠広《かとうただひろ》の改易《かいえき》である。事の起こりは、忠広の嫡男光広《みつひろ》が幕府代官井上新左衛門《だいかんいのうえしんざえもん》に宛てた密書であった。詳しくは述べないが、その内容は、家光がみずからの日光社参《にっこうしゃさん》を利用して年寄土井利勝《どいとしかつ》の誅伐を計画しているので、土井は先手をとって家光を暗殺すべきで、そのときは光広も加担する、というものだった。しかし、これは光広が碁敵である井上新左衛門を「嘲弄していからせ」勝ちを得るための戯れだったとされたように（「大猷院殿御実紀《だいゆういんでんごじつき》」）、光広が仕組んだまったく取るに足らない悪戯《いたずら》であった。

　だが、これを重くみた幕府は、寛永九年五月二十四日、伊達政宗《だてまさむね》・前田利常《まえだとしつね》・島津家久《しまづいえひさ》・上杉定勝《うえすぎさだかつ》（「山内家文書」では松平定昌《まつだいらさだまさ》）・佐竹義宣《さたけよしのぶ》ら五人の大大名を召し出し、この五人に右の密書を開示して、家光みずからが「御代《みよ》始めの御法度《はっと》に候あいだ、急度《きっと》仰せ付けらるべし」と発し、また列座していた譜代の重鎮井伊直孝《いいなおたか》も「加様の儀は急度仰せ付けられ候はでは叶わざる儀」と語るなど、厳しく対処する方針を明言した（『細川家史料』）。ついで六月朔日、幕府は在府の諸大名を江戸城黒書院《くろしょいん》に集め、加藤忠広・光広の不届きによる肥後五二万石の没収を申し渡したのである（『江戸幕府日記』）。

光広の父忠広は、密書とは直接関係はなかった。だが、幕府は在国中の諸大名にこの改易を通達した六月三日付の年寄衆奉書のなかで、「肥後守（加藤忠広）儀は近年諸事無作法、其の上江戸に於いて生まれ候子母共に御理も申し上げず国元へ遣わし候儀曲事《くせごと》」と説明した（『部《ぶ》分御旧記《わけごきゅうき》』）。すなわち、忠広が「近年諸事無作法」で、しかも江戸で誕生した子を母親とともに幕府に無断で帰国させており、それが曲事だというのである。

この事件によって、たとえ戯れでも断固たる処分を下すという家光政権の政治方針と、家光の将軍としての権威が、諸大名にはっきりと示されることとなった。そして、この肥後加藤家の改易事件とならんで、家光の「御代始めの御法度」の「いけにえ」とされたのが徳川忠長だったのである。

上野高崎に逼塞

秀忠の死後、甲府《こうふ》に謹慎中の忠長については、いく度か江戸の金地院《こんちいん》崇伝《すうでん》のもとに家臣を遣わし、家光の機嫌を尋ねるなどしてはいるものの（『本光国師日記《ほんこうこくしにっき》』）、具体的な様子はわかっていない。ただ諸大名のあいだでは、秀忠の

図27　高崎城（高崎市総務部広報広聴課提供）

精進明け以後に幕府から何らかの発表があるのではないかと噂されていたが（「部分御旧記」）、直後に加藤忠広の改易事件が持ち上がったためか、その後半年あまり処分めいたものはなかった。

むかえた寛永九年（一六三二）十月十二日、家光は甲府の忠長のもとに年寄内藤忠重《ないとうただしげ》・留《る》守《す》居《い》牧野信成《まきののぶしげ》・目付井上政重の三人を上使として遣わし「甲州ハ江戸ヨリ遠路ヲ隔テ保養自由ナラス、安藤右京進（重長）カ居城上州高崎《じょうしゅうたかさき》ノ城ニ移テ病気養生アルヘキ」の旨を伝えた。忠長はこれを聞くと、まもなく安藤重長《あんどうしげなが》の城地高崎（五万六六〇〇石）に向けて甲府を後にし、同二十八日に高崎城に到着した。甲府を出る忠長の様子は、内藤忠重らの上使が忠長の前後を囲み、側近の永井主膳・矢部八左衛門・椿井権之助とわずかの近習《きんじゅう》の侍、持《もち》鑓《やり》が一本、勝山と号した愛馬が従うのみだった。また家老《かろう》の朝倉宣正《あさくらのぶまさ》も武蔵府中《むさしふちゅう》まで随行し、そこから暇《いとま》を告げて江戸に向かったとされる（『東武実録』「前代事林　坤」〈『新編高崎市史』資料編五・近世一〉）。こうして忠長は高崎への逼塞《ひっそく》処分となり、甲斐・信濃《しなの》・駿《する》河《が》・遠江《とおとうみ》の所領五〇万石は没収となったのである。

同じ十月二十日、在府の諸大名が江戸城小広間に集められ、年寄衆から忠長の高崎逼塞が伝えられた（「江戸幕府日記」「吉良家日記《きらけにっき》」）。いっぽう在国中の諸大名には、十月二十二日付の年寄衆連署奉書で通達された。つぎの史料は、このころ帰国の途中で大坂にいた細《ほそ》川忠利《かわただとし》が受け取った奉書である（「細川家文書」）。

> 一筆啓達せしめ候、駿河大納言殿(忠長)御事、御作法今に御見届け成されず候に付きて、高崎へ御逼塞候様にと、上使を以て仰せ遣わされ候の処、如何様にも上意次第との御請けに候、然《しか》らば、御作法の様子をも聞こし召さるべきため、安藤右京進(重長)付け置かせられ候、恐々謹言、

すなわち、忠長の「御作法」（が改善されたこと）を家光が見届けていないので、上使を忠長のもとに派遣して高崎逼塞を伝えたところ、忠長は「如何様にも上意次第」との返答

であった。そこで「御作法」の様子を家光が聞くために、安藤重長をつけ置くこととした、というものであった。さすがに忠長が甲府に謹慎した後まで、家臣の手討ちを行なっていたとは思えないが、日常の振る舞いに依然として好ましくない点があったのだろう、今回の忠長の処分は「御作法」が問題とされたのである。

物の恥を知るのが人間

その忠長の「御作法」については、年寄の稲葉正勝《いなばまさかつ》が（寛永九年〈一六三二〉十一月五日付の細川忠利に宛てた書状で、つぎのような興味深いことを述べていた（『綿考輯録《めんこうしゅうろく》』）。

今度するが（駿河）大納言殿高崎へ遣わされ、両国めし上られ候事、年来御さほう（作法）あしく万事すまぬ御しかた共、能々存知《よくよくぞんじ》申し候あいだ、今さらの様に存ぜず候、物のはぢ（恥）を知るにて人間と申すべく候哉、

正勝は、忠長の「御さほう」が以前から悪く、「万事」にわたって見逃すことができないような振る舞いがあり、それをよく知っているので、改易となったことは「今さらの様」には思わないとし、「物のはぢを知る」のが人間というものではないかと、辛辣な言葉を投げかけていた。この稲葉正勝は、家光の乳母春日局《めのとかすがのつぼね》の嫡男で、八歳のときに誕生直後の家光の小姓《こしょう》となっており（『寛政重修諸家譜』）、家光・忠長の兄弟とは幼いときからも

っとも身近に接した家臣であった。だから、兄弟の人となりを熟知していたことは間違いない。もちろん家光の側近であるから、右の書状は家光の側からの視点であり、その点を考慮しなければならないが、それでも、忠長には幼少から兄家光に対して、あるいは将軍となった家光に対しても不遜な態度が目立っていたことは、稲葉正勝の言葉だけに疑いのないところであろう。

この点については、忠長が甲府謹慎になった直後の寛永八年六月二十一日付で、土佐高知《とさこうち》藩主の山内忠義《やまうちただよし》が家臣に宛てた書状で「今度駿河様（忠長）を甲州へ遣わされ候に付き、諸大名其の外存知申し候、眼前の御様子さへ御形（行）儀あしく候とて、右の仕合わせに候」と報じており（『山内家史料』）、忠長は諸大名が参列している眼の前でさえも「御形儀あしく」、つまり不遜な態度が目立っていたことを証言している。

家光とすれば、忠長が行なった家臣への手討ち云々よりも、忠長が将軍家の身内であっただけになおのこと、こうした将軍の体面・威信を汚すような態度が改善されない以上は、駿府への復帰など認めることはできず、むしろ領地没収（改易）という、より重い処分を下さざるを得なかったのであろう。

依然として弟忠長を切れない家光

とはいえ家光は、父秀忠が弟の松平忠輝《ただてる》を伊勢朝熊《いせあさま》に、また甥の松平忠直《ただなお》を豊後萩原《ぶんごはぎわら》に配流したのとは異なり、忠長を江戸から離れた遠国に逼塞させたわけではなかった。そこには、依然として弟忠長を切り捨てることができない、またその更生に期待する兄家光の思いがあったようである。

つぎの史料は、（寛永九年〈一六三二〉十一月二日付で島津家江戸家老の伊勢貞昌《いせさだまさ》・島津久元《ひさもと》が国元に宛てた書状の尚々《なおなお》書《が》きの部分である（「旧記雑録後編」）。

追而申し候、駿河大納言様（忠長）御事、若《も》し御行儀なをり申すべき儀もや御座候はんと思し召し、此の中甲州郡内へ置き御申しつれ共、いよいよ御悪行こぞり申し候に付き、諸大名御城へ召し寄せられ、此の如きの御様躰に候あいだ、惣じては遠国へやり御申しこれ有るべき儀に候へ共、御連枝《れんし》の御事に候あいだ、万一御心持ちなをり申す事もや候はんと、先ず上野《こうずけ》の内高崎へ置き参らせられ候由仰せ出され、御供衆五人相付けられ、彼の地へ御越し候、御内衆の儀は知行・家屋敷皆々召し上げられ、御年寄衆の妻子まで方々へ御預け候、殊の外稠（ママ）御沙汰にて御座候、此の如く候時は、大納言様の御身上如何御成り候はん哉と、世上の取り沙汰にて御座候、

すなわち、家光は忠長の「御行儀」が改善されることを期待して甲斐郡内《ぐんない》に謹慎させて

いたが（事実は郡内ではなく甲府であり、この点は誤伝である）、ますます「御悪行」が募ったので、諸大名を江戸城に集め、このような様子なので本来なら遠国に配流するのだが、「連枝」（兄弟）のことでもあり万一心持ちが直るかも知れないと、まずは高崎に置くこととしたのだ、と説明した。そして忠長は供の者わずか五人とともに高崎に向かったが、家臣たちは知行はもとより家屋敷まで没収され、年寄衆の妻子までもが方々へ預けられた、というのである。

伊勢貞昌らにすれば、自分たちが大名家臣だっただけに、忠長の家臣たちの処遇が「殊の外稠（厳しきヵ）御沙汰」に思えたのは無理もない。だが家光にしてみれば、忠長が血を分けた弟でもあり、「心持ち」が直ること、言い換えれば「作法」が改善されることに一縷《いちる》の望みをたくし、極刑を猶予してまずは江戸からもほど近い上野の高崎に逼塞させたというのが、偽らざるところだったのではないだろうか。

駿府藩改易の事後処理

さて忠長が改易されると、十月二十三日に駿府《すんぷ》城・掛川《かけがわ》城受け取りの上使として年寄永井尚政《なおまさ》と勘定頭《かんじょうがしら》松平正綱《まさつな》の派遣が決まり、ついで駿府城の在番として上総佐貫《かずささぬき》城主松平忠重《ただしげ》・常陸宍戸《ひたちししど》城主秋田俊季《あきたとしすえ》・同土浦《つちうら》城主新《しん》庄直吉《じょうなおよし》が、新たな駿府町奉行《まちぶぎょう》として旗本の長崎元通《ながさきもとみち》と佐藤継成《さとうつぐなり》が命じられた。このほか駿府目付として使番《つかいばん》川口宗重《かわぐちむねしげ》が、駿府城番として大番頭《おおばんがしら》松平勝政《かつまさ》とその組が赴任することとなった。

いっぽう甲斐への上使には年寄青山幸成《あおやまゆきなり》と勘定伊奈忠治《いなただはる》が、甲府城の在番《ざいばん》には下野山川《しもつけやまかわ》城主水野忠善《みずのただよし》・書院番《しょいんばん》組頭大久保忠成《おおくぼただなり》が、甲斐目付として使番永田重真《ながたしげざね》が、谷村《やむら》城の在番には出羽本堂《でわほんどう》城主本堂茂親《しげちか》と寄合設楽貞代《よりあいしだらさだよ》が、それぞれ命じられた。また同じ日、掛川城の在番を三河西尾《みかわにしお》城主本多俊次《ほんだとしつぐ》と同伊保《いぼ》城主丹羽氏信《にわうじのぶ》が、田中《たなか》城の在番を北条氏重《ほうじょううじしげ》がつとめることが年寄衆の連署奉書によって伝えられた（「江戸幕府日記」『東武実録』）。甲府への上使となった青山幸成や水野忠善は、十月三十日に江戸を発ったが、とくに水野の出立の際には「鉄砲、弓、鑓、帯《おび》た、敷《し》き躰」だったという（『本光国師日記』）。

その後、田中藩領をのぞく駿河一国と、谷村藩領をのぞいた甲斐一国が、幕府直轄領に編入された。また駿府城は寛永十年（一六三三）二月に大久保忠成が駿府城代《じょうだい》となり、その守衛を同十五年までは大番一組ずつが行ない、同十六年以後は大番に代わって書院番一組ずつが一年交替であたることとなった。このほか朝倉宣正の居城だった掛川城には、寛永十年二月に青山幸成が城代として二万六〇〇〇石で入り、鳥居忠房《とりいただふさ》の甲斐谷村城には、同じく十年二月、家康の近習をつとめ、秀忠にも側近として仕えた秋元泰朝《あきもとやすとも》が、やはり城代として一万八〇〇〇石で入った。また田中城には同年八月に駿府在番をつとめていた松平忠重が、上総佐貫から二万五〇〇〇石で移ることとなった（「江戸幕府日記」『寛政重修諸家譜』）。

忠長遺臣の動向

駿府藩の家臣団については、前にみた十一月二日付の島津家江戸家老の書状に「御内衆の儀は知行・家屋敷皆々召し上げられ、御年寄衆の妻子まで方々へ御預け候」とあったように、忠長の改易とともに、彼らの知行・家屋敷も没収された。「諸士姓名《しょしせいめい》」によれば、幕府（秀忠）から忠長につけられた家臣については、武蔵・相模《さがみ》・伊豆《いず》のいずれかに蟄居《ちつきょ》となり、これを「東はらひ」といい、忠長みずからが召し抱えた家臣は、新居の関所以西に「追逐《ついちく》」（追放）となり、これを「西はらひ」と呼んだとされる。

しかし、とくに「東はらひ」となった者の多くは、もともと幕臣という性格のゆえか、

領知高	分類
120,200	譜代
220,000	譜代
50,000	譜代
260,000	一門
20,000	外様
25,000	外様
50,000	外様
53,500	外様
32,000	外様
210,000	外様
50,000	譜代
20,000	譜代
85,000	譜代
3,000	旗本
89,100	譜代
85,000	譜代
202,600	外様
540,000	外様
68,000	外様
89,100	譜代
47,000	譜代
16,400	外様
35,000	外様
205,000	外様
50,000	譜代
20,000	譜代
15,000	譜代

領知高は，すべて

表3　忠長の遺臣とその預け先

忠長遺臣					預け先	
氏　名	役職①	領知高	赦免年	役職②	氏　名	城　地
朝倉宣正	家老	37,000			松平忠明	大和郡山
鳥居忠房	家老	35,000	寛永13		鳥居忠恒	出羽山形
三枝守昌	小諸城代	15,000	寛永13	鉄砲頭	内藤信照	陸奥棚倉
屋代忠正	小諸城代	10,000	寛永13	鉄砲頭	松平光長	越後高田
興津直正		10,000			(陸奥配流)	
渡辺　忠	大番頭	6,000	寛永12	大関家臣	大関高増	下野黒羽
天野清宗		5,100			堀親良	下野烏山
内藤政吉	御用人	3,000			秋田俊季	常陸宍戸
大久保忠久	御用人	3,000	寛永15		浅野永直	常陸笠間
松平正朝	大番頭	3,000	寛永12	水戸家臣	水谷勝隆	常陸下館
有馬頼次		3,000	寛永13		有馬豊氏	筑後久留米
松平忠久		2,000	寛文5		松平忠国	丹波篠山
松平重成	大番頭	2,000	寛永12	水戸家臣	西尾忠昭	常陸土浦
椿井正次	花畑番頭	1,200	寛永14		稲葉正勝	相模小田原
大井政景	目付	1,000	寛永13	小姓組番	柴田康長	
山田重棟	町司	1,000	寛永13	小姓組番	永井尚政	下総古河
太田盛信	花畑番頭	800	寛永14	綱重家臣	稲葉正勝	相模小田原
伊東政勝		600	寛永13	小姓組番	山内忠義	土佐高知
稲葉正利	書院番	500		細川家臣	細川忠利	肥後熊本
河野盛照	目付	500	寛永13		池田輝澄	(播磨宍粟)
長田重政	鷹頭	500	寛永13	千姫付	永井尚政	下総古河
小林重勝	留守居	400	寛永13	大番	井上正利	遠江横須賀
森川長俊	目付	400	寛永13	小姓組番	片桐貞昌	
宮城正業	目付	400			池田輝興	(播磨赤穂)
細井勝元	使役	400			佐竹義隆	出羽久保田
土屋虎昌	同朋	400			大久保忠職	美濃加納
伴野貞昌	花畑番	354	寛永13	小姓組番	松平乗寿	美濃岩村
山中元吉	納戸	300	寛永13	大番	阿部忠秋	

(注) 役職①は駿府藩での役職．役職②は赦免後最初の役職．預け先大名の城地・忠長の改易時点でのもの．

寛永十七年頃までには家光によって召し返され、旧知を安堵されて何らかの幕府役職に就いていた。たとえば大番士だった五七人について みると、大番組に復帰した者一二人、以下天守番一三人、富士見宝蔵番一三人、奥方御番五人、広敷番四人、その他・不明・死去が一〇人であった（「諸士姓名」「大猷院殿御実紀」）。

ここで、主な家臣の動向についてみてみよう（表3）。一万石以上を知行した家臣では、まず家老の朝倉宣正は、大和郡山《やまとこおりやま》二二万石の松平忠明《ただあきら》に預けとなり同地に蟄居した後、寛永十四年（一六三七）二月六日に死去した。おなじく家老の鳥居忠房は、従兄弟の出羽山形二二万石鳥居忠恒《ただつね》に預けられ、同十三年九月に召し返されたものの、翌十四年七月十四日に死去していた。小諸《こもろ》城代をつとめた三枝守昌《さいぐさもりまさ》と屋代忠正《やしろただまさ》は、三枝が陸奥《むつ》棚倉《たなぐら》五万石の内藤信照《ないとうのぶてる》に、屋代が越後《えちご》高田《たかだ》二六万石の松平光長《みつなが》に預けられたが、両人とも鳥居忠房とおなじく寛永十三年九月に召し返され、同十五年二月八日に安房《あわ》で一万石ずつを賜り、先手鉄砲頭となって与力《よりき》一〇騎・同心《どうしん》五〇人ずつを付属されるという、まったく同じ処遇を受けていた（『寛政重修諸家譜』「江戸幕府日記」）。もう一人、忠長の最初の手討ちを受けた小姓の興津《おきつ》直正《なおまさ》（一万石）は、陸奥津軽《つがる》に配流となり、その後同地で自害したとされる（「諸士姓名」）。

このほか上級家臣のなかには預けとなった後、他の大名家の家臣となった者もいた。たとえば大番頭をつとめた松平正朝《まさとも》が、（寛永十年）正月九日付で後に井伊直孝の家臣となる牧野成徳に宛てた書状には、

一、我等共仕合わせ、常陸国下館《しもだて》と申す所、水谷伊勢守（勝隆）殿と申す人に御預けと成り居り申し候、志摩守（松平重成）も同国の内土浦と申す所に同前に御座候、御推量有るべく候、

とあり（「牧野文書」）、正朝は常陸下館三万二〇〇〇石の水谷勝隆《みずたにかつたか》に預けとなり、弟の重成《しげなり》も同国土浦二万石の西尾忠昭《にしおただあき》に預けられた。そして早くも寛永十二年正月に赦免されると、家光の命で兄弟ともに徳川頼房《よりふさ》の家臣となり、正朝は六〇〇〇石を、重成は五〇五〇石を拝領して、二人ともに水戸《みと》徳川家の家老として仕えたのである。このほかにも、やはり大番頭の渡辺忠《わたなべただし》は下野黒羽《しもつけくろは》二万石の大関高増《おおぜきたかます》に預けられ、寛永十二年の赦免後そのまま大関家の家臣となっている（『茨城県史料』近世政治編一、『寛政重修諸家譜』）。

「しゅくんのため」

ところで右の松平重成は、忠長が改易された直後、やはり牧野成徳に宛てた十一月二十日付の書状で「いかやうに成り候ても、しゅくんのためと存じ候へは、少しも〳〵物うき事は候はず候」と述べ、その心情を牧野に吐露していた（「牧野文書」）。自分の身はどうなっても主君忠長のためと思えば、少しも物憂

きことはないというのである。これは、かつて手討ちにあってもどこまでも奉公すると語った、朝倉宣正とも共通する心理である。

当時の主従関係は主君の「器量」を前提に結ばれ、かつ維持される場合が多く、あのような乱行・非行を重ねた忠長にどこまでも奉公しようとする彼らの生き様は、その意味では特異なものということができる。だが見方を変えれば、正常な状態の忠長には朝倉宣正らにあのようにいわしめるだけの、主君として十分な「器量」がそなわっていたのかも知れない。

忠長の自害とその背景

忠長の自害と幕府の対応

寛永九年（一六三二）十月に忠長が高崎逼塞となって以後、あれほど多くの信頼すべき情報を我々に与えてくれた、細川忠興《ただおき》・忠利父子も金地院崇伝も梅津《うめづ》政景《まさかげ》も松平忠利も、そして島津氏も山内氏も、忠長についてはほとんど語っておらず、逼塞中の忠長がいかなる様子だったかは不明とせざるを得ない。ただ翌十年十一月二十四日付の細川忠利書状に、

一、駿河大納言様（忠長）、又御心むらに成り、此の程腹を御切り成さるべきと成られ候て、少しは疵《きず》もつき候様に、下々取り沙汰仕り候、事実は存ぜず候、

とあり、忠利は下々の噂であり「事実は存ぜず」としながらも、斑気《むらき》から忠長が自殺未遂

図28　徳川忠長供養塔（大信寺）

を起こし負傷したことを報じていた。細川忠利がいうように、これが事実かどうかは不明であるが、こうした噂が出ること自体、当時の人々が忠長の自害を、いずれ起こるであろうこととして、違和感なく受けいれていたことを示している。

むかえた寛永十年十二月六日、ついにそれが現実のものとなった。この日、忠長は逼塞先の高崎城において自害し、二八年という短い生涯を閉じたのである。検死のため、家光は八日に側近の阿部《あべ》忠秋《ただあき》を高崎に遣わし、その後忠長の遺骸は同地の浄土宗大信寺《だいしんじ》（現高崎市通町）に葬られた。葬儀は二十四日に行なわれ、小石川伝通院《こいしかわでんつういん》の住職随波《ずいは》が万部経を唱え、法名は峰巌院殿晴徹暁雲大居士とつけられた。そして幕府からは香典として銀二〇〇枚・米五〇俵が贈られた（「江戸幕府日記」『幕府祚胤伝《ばくふそいんでん》』「江城年録」など）。なお京都の金戒光明寺《こんかいこうみょうじ》にも、春日局が建立したとされる忠長と母崇源院《そうげんいん》の供養塔がある。

十二月十九日付で細川忠利が父忠興に宛てた書状によれば、忠長の自害が報じられた後、江戸では忠長が勘当《かんどう》された身ゆえか、あるいは逼塞という処罰を受けたゆえか、将軍家連枝の死であるにもかかわらず、弔意《ちょうい》を示す大名はなかった。また一度は来春に延期されていた年寄衆の細川邸への訪問も、是非近日行ないたいとの申し出があり、そのため鳴り物を停止するといった指示もなく「少しも駿河大納言殿の儀に御構いはなき」様子であったという（『細川家史料』）。いまだ盤石とはなっていない家光政権にあって、忠長の自害にあえて平生を装おうとする幕府の姿が垣間見えるようである。

『藩翰譜』にみえる忠長自害の様子

ところで、忠長の自害の状況やその背景はいかなるものだったろうか。まず新井白石《あらいはくせき》『藩翰譜《はんかんふ》』の安藤重長の譜が記すところを要約してみよう。

寛永十年（一六三三）九月、家光の側近阿部重次《しげつぐ》が家光の使者として高崎城に赴いた。そして城主重長に対して、忠長がいまだ改心せず、よからぬ振る舞いも世に漏れ伝わっているが、家光が処罰するのは兄として忍びないので、忠長みずからが命を絶つようしむけるようにとの家光の指示を伝えた。これを聞いた重長は、家光の命に背く気は毛頭なく、また重次を疑うわけでもないが、それでも家光の「御教書《みぎようしよ》」がないかぎり受諾できない旨を返答した。やむなく重次は江戸に帰ると、ことの次第を家光に報告し、家光から自筆の「御教書」を受け取り再び高崎に向かい、そして重長に「御教書」を渡すと、ついに重長も了承した。

むかえた十二月六日朝、重長は警備の侍に命じて、忠長の居室の周囲に厳重に鹿垣《ししがき》を張り廻らさせた。これに気づいた忠長が侍にその理由を尋ねたが、侍はただ重長の指示と応えるのみで詳細を語ろうとはしなかった。すると忠長は（すべてを悟ったのか）居室に入り、そのまま夕暮れになって近侍の女房三人に暇を出すと、あとに仕える女の童二人に酒を用意するよう命じた。忠長は二杯ほど酒を飲むと、再び酒と肴を持参するよう命じ二人を退出させた。二人が戻ると、忠長は白の小袖《こそで》の上に紋付きの黒の小袖を羽織り、脇差《わきざし》で頸《くび》の半ばを突き貫いてうつ伏していた。その小袖は朱に染まり、忠長はすでに事切れていたという。

この説は「大猷院殿御実紀」などにも引用されており、また『寛政重修諸家譜』も阿部重次が家光の密旨を受けて二度高崎に赴いた記事を載せてはいる。
しかし元禄十五年（一七〇二）成立の『藩翰譜』よりも、より成立のはやい『寛永諸家系図伝』『譜牒余録』といった系譜史料には関係の記事はなく、この説が忠長の自害から半世紀以上も後に書かれたことからすれば、即座に信用することはできない。ただ下重清氏も指摘するように、先にあげた十一月二十四日付の細川忠利書状にあった忠長の自殺未遂も、家光の命を受けた重長が忠長に自害を促した結果引き起こされたとみなすこともできなくはない（『幕閣譜代藩の政治構造』）。

オランダ商館員の記録

いっぽうこのころ、江戸滞在中だったオランダ商館の上級商館員フランソワ・カロン（François Caron）は、その日記の一六三四年五月八日（日本暦寛永十一年一月八日）条につぎのように記している（『オランダ商館長日記』訳文編之一〈上〉）。長文であるがそのまま引用してみよう。

陛下（家光）は、彼の（唯一の、であったのに）弟に恩情を施すために、彼の父（秀忠）により一旦述べられた言葉を撤回するだけの決心がつきかねていたため、彼の弟を殺害するため、秘かに腕の立つ屈強の人々を（彼等自らがこの追放された領主を訪問しに行くように見せかけ）派遣して、そのような前提のもとに彼等は相手と同席した折に、話のはずみにいさかいにもちこみ、互に殺し合う手筈であったという。それは、たとえどのような結果になろうとも、それにより陛下の名に傷がつくことも、負い目を受けることもないためであった。

　こうして、今月三日にこれらの選ばれた貴人たちは、上記のスルガの領主のもとに行き、事を彼等の仕組んだ陥し穴に向けて運び、そして彼に襲いかかった。しかし、彼《(忠長)》は勇敢な武人であったので、抜刀し、彼等の一隊のうち幾人かを斬り伏せた。その瞬間、やはり選り抜きの人々（今でこそ見捨てられているとはいえ、彼等の盛時には一《ひと》廉《かど》の殿原《とのばら》たちだった）であった彼の従者たちも、直ちに残りの全員を攻撃し、斬り倒した。

　上述の領主《(忠長)》は、それが彼の生命を奪おうとしたものであることを見てとると、自分の腹を切る決心をした。そしてその翌日、彼はその乳母とともに、大なる悲嘆と不満の故に最期を遂げた、というのである。

　ほとんど現代語訳する必要はないと思われるが、一つ気にかかるのは冒頭の「父により一旦述べられた言葉」の内容である。他の史料ではそれらしいものはなく、この史料の文脈から判断しなければならないのだが、家光が忠長に「恩情を施すため」に、秀忠の言葉を取り消そうとしたが、その決心がつかずに忠長を殺害することになったのだから、秀忠は生前に忠長を処分（殺害）するよう言い残していたということになろう。とすれば、ある意味、家光は秀忠の遺志を実行したことになる。

その方法であるが、『藩翰譜』では家光が安藤重長に忠長の自害を教唆させていたが、カロンの記録では、忠長が家光の放った「屈強の人々」を、自分の「生命を奪おう」とする刺客と見抜いた結果、みずから命を絶っていた。カロンの記録は、同時代のしかも江戸にいた人の記述であるから、信頼度は『藩翰譜』よりも高いことはいうまでもない。また情報源が定かでないというものの、外国人の記述は日本人よりもより客観性が担保される場合もある。おそらくは、カロンの記録がより事実に近いと思われるが、いずれにしても、これら二つの史料に共通していえることは、直接的とはいえないまでも、家光の働きかけによって忠長が自害するに至った、言い換えれば家光が忠長を自害に追い込んだということである。

少なくとも忠長を高崎に逼塞させるまでは、かりに忠長を処分せよという亡き秀忠の遺命があったとしても、これまで縷々述べてきたように、家光は忠長に対して切腹や遠流といった極刑を猶予して、その更生に一縷の望みを託していた。とすれば、問題となるのは、忠長を高崎に逼塞させた寛永九年十月から、自害する翌十年十二月までの一年余りの期間に、家光自身の心境や家光を取り巻く情勢にいかなる変化があったのかということである。

家光が忠長を自害させた表向きの理由は、たとえば『藩翰譜』では「猶御心改まらせ給はず、よからぬ御振舞ひ世に漏れぬる事少なからず」というものであり、また諸大名に対する幕府の公式発表は「是れ日ごろの御乱心終に相収まらざるに依る也」（『江戸幕府日記』）、つまり両者とも忠長の「乱心」が改まらなかったという、何かとってつけたようなものであった。家光の変心の裏にはどのような事情があったのだろうか。

上洛への障害

その一つとして考えられることは、寛永十一年（一六三四）七月に行なわれた家光の上洛に関わることである。カロンの記録によれば、「或る人々」から聞いた話として、忠長に刺客が送られる前、朝廷の特命を帯びた「貴人二人」が、忠長の赦免を要求するため参府していたが、その要求が受け入れられなければ「近くミアコ《（都）》で行われる儀式と戴冠式」を「滞り無く執り行うことはできないであろう」と、「その請願と要求を熱心に行った」という（『オランダ商館長日記』）。「ミアコで行われる儀式と戴冠式」とは、もちろん家光の上洛に伴う諸行事のことである。この上洛は、供奉《ぐぶ》人数三〇万人といわれる空前の規模のもので（「大猷院殿御実紀」）、秀忠亡き後の家光への実質的な「代替わり」を天下にアピールする、一大デモンストレーションでもあった。そして、もし忠長の赦免がなければ、その上洛での諸行事が成功裏に終わらないかも知れないという、ある意味で将軍家光に対する威嚇に近いことが行なわれていたというのである。

このカロンの記録を克明に分析した野村玄氏によれば、これら「貴人二人」のうちの一人は前関白の九条忠栄《くじようただひで》ではないかとし、忠栄の妻が、かつて忠長の母お江《え》与《よ》の方が秀忠の妻となる前に嫁いでいた羽柴秀勝《はしばひでかつ》とのあいだの娘なので、忠栄と忠長は義兄弟ということになり、忠長がこの「朝廷との回路」を生かして家光への取り成しを依頼し、「忠栄は、義理の兄弟である忠長が逼塞している状況を不憫に思い、寛永三年（一六二六）のときのような兄弟揃っての上洛を勧めたのかもしれない」とされた（『徳川家光』）。

たしかに九条忠栄は、寛永十年七月二日〜八月十六日までは確実に江戸に滞在しており（『江戸幕府日記』）、忠栄と忠長との関係を考えれば、忠長の赦免嘆願が執拗に行なわれていたとしても不思議ではない。もちろん家光も忠長と同様に忠栄とは義兄弟であり、まして前関白の要求であれば、カロンの記録にも「上述の領主（忠長）が生存している限り、陛下は絶えざる嘆願により全く安らぐ暇さえもたなくなるに違いなく」とあるように、無碍《むげ》に断ることもできず、家光を悩ませたことは十分に想像できよう。そして、忠栄の「請願と要求」のなかで、じっさいに「儀式と戴冠式」を挙行できないという話が出ていたとすれば、間接的にではあるが忠長は上洛の障害となっていたことになり、その障害を取り除くために、忠長の殺害を家光が決心したとしても、決しておかしなことではない。

瀕死の重態となった家光

もう一つは、そして最大の理由と考えられることは、家光の病気である。家光という人は幼少から概して病弱な体質であり、それは将軍となってからもかわることはなかった。とくに寛永十年（一六三三）十月には、一時危険な状態になっていたことが知られている。家光はこの年九月十四日から虫気になり、それ以後体調のよくない日がつづいていた。そして十月中ごろには一時危篤状態となっていたのである。その模様を報じた細川忠利の十月二十二日付の書状にはつぎのようにある。

一、最前の御煩いは、九月十三夜、御月見御酒を上り過ぎ、御煩い成され候、切々御吐逆出で申し候故、下地御草臥《くたび》れ成され候へ共、御灸などにて、御本復にて御座候つる、然る処十五日に増上寺《ぞうじょうじ》へ御成《おな》りに付きて、十四日に御さかやき（月代）・御行水など成され候故、殊に十五日の朝かんじ（寒）申し候つる故、風を御引き成され候ての御煩いにて御座候、此の前の御煩い再発にては御座無く候事、

一、若し御大事も御座候はば、御譲りの儀まで仰せられ様御座候由、承り及び候、上下気を詰め申し候事、御推量成さるべく候、一日に二度三度ずつ登城、何れも仕られ候事、

すなわち、九月十四日の虫気は前夜の月見酒の飲み過ぎからのもので、灸を据えて回復していた。しかし今回の家光の病は、十月十五日の増上寺への御成をひかえ、前日に月代《さかやき》を剃り行水を浴びたところ、翌朝になり悪寒を感じ風邪を引いたための煩いであった。家光はこの風邪によって一時危険な状態になり、自分に万一のことがあった場合、「御譲りの儀」つまりつぎの将軍を誰にするかということまで口にしていたというのである。

そして、この家光の病状が重篤になったことについて、前出のカロンは忠長が自害した原因を記したくだりでつぎのように記録していた。

他の人々はこんなふうに言っている。すなわち、陛下（家光）が瀕死の重態で、人々がその生死のほども知らなかったとき、彼の側近の人々や最も親密な領主たち数人が、多数の兵団から成る強力な彼の親衛隊の統率者となって、前述の「監禁中の」スルガの王（忠長）のところへ派遣されて、彼に、油断なく準備を整えておくように、何故なら、陛下が死去するに至ったら、彼等が直ちに彼を迎えて、彼等の王（すなわち、皇帝）とするた

め戦うつもりだからだ、と知らせたが、皇帝は、これら総べてのことを聞くと、彼を秘かに殺させたのである、と。

家光の側近や「最も親密な」大名たちが、家光の親衛隊を率いて高崎まで忠長を迎えに出向き、家光が死去した場合、直ちに忠長を将軍に担ぎ上げる計画があり、抵抗勢力との戦争も辞さないという情報を家光が聞き、家光は極秘裏に忠長を殺害させたというのである。そしてその結果が、先の刺客の話につながっていく。

家光の親衛隊とは、書院番や小姓組番をいうのだろうが、当時はおよそ五〇〇人、都合約四五万石規模の旗本が編成されていた。そしてその統率者は、おそらく松平信綱《のぶつな》・阿部忠秋・堀田正盛《ほったまさもり》ら家光の側近集団で小姓組番頭でもあった、いわゆる「六人衆」だったと思われるが、だとすれば、彼らが家光死後に忠長を将軍に担ぎ上げることは、さすがにどう考えてもありえない。なぜなら、松平信綱らは前述した稲葉正勝と同じ家光の幼少からの側近であり、忠長の性行をも熟知していたはずだからである。つまり右のような計画はたんなる噂の域を出ないのであるが、問題はそうした噂がオランダ人にも知れるほど流布することである。

というのは、このような噂が出ること自体が、依然として忠長が将軍職を継承する権利を持つ存在として、当時の人々に認識されていたことを示しているからである。そしてその背景には、家光にいまだ世継が誕生していないという事実がある。家光にしてみれば、かりに計画が取るに足らないものだったとしても、さらにはカロンの記述自体がまったくの虚構だったとしても、自分に万一のことがあったとき、つぎの将軍職継承権を持つ者のなかに忠長がふくまれていることに、いっそうの危機感を募らせた違いない。それゆえに、あれほど弟忠長に対して穏便な処分ですませてきた家光としても、さすがにこれまでの忠長の行状を思い起こせば、大御所秀忠の死後二年に満たず、かつ盤石とはなっていない家光政権のもとでは、松平忠輝や忠直のように遠国への配流ではなく、やはり存在そのものを消し去る以外なかったと考えられるのである。

家光の思い

　忠長の自害よりおよそ半年ほど前の六月二十二日、家光は叔父の徳川頼房に宛てて、つぎの書状を出していた（「彰考館徳川博物館所蔵文書」）。

きのふ申し候通りに、万事の儀是れ先々の談合申すべく候あいだ、其の節何事もゑんりよ（遠慮）なしに申され候はば、満足たるべく候、其の方の御事は別して心安く思ひ候まゝ、心中をのこさす万談合申す事に候、兄弟これ有り候てもやくにたゝず候あいだ、此の上は其の方を兄弟同前に思ひ候まゝ、いよいよ万事其の御心得有るべく候、謹言、

（寛永十年）六月廿二日　　家光（花押）
水戸（徳川頼房）中納言殿

徳川頼房は、家光の叔父といっても慶長八年（一六〇三）八月の生まれであるから（『徳川幕府家譜』「御系譜」）、家光とはわずか一歳しか違わなかった。その頼房を、家光はとくに「心安く」思い、今後は万事について相談するので、何事も遠慮なく意見を述べてくれれば満足であるとし、自分には兄弟はいても役に立たないので、その方を兄弟同前に思うので万事そう心得てほしい、とその心情を綴っていた。

役に立たぬ兄弟とは、もちろん忠長のことである。おそらく、家光はこの頼房宛ての書状を出した時点では、忠長の命までを奪おうとは考えていなかっただろうし、本来ならばこうした役割を血を分けた弟の忠長にこそ期待していたはずである。しかし、それが叶わなくなったいま、家光はもっとも年齢の近い叔父の頼房を「兄弟同前」とし、より強い絆を求めたのである。

忠長を語る逸話とその正体

殺生禁断の地での猿狩り

後世、忠長については残忍・非道な、あるいは兄家光に対して敵対するといった逸話が多く残されている。そのいくつかを紹介してみよう。

「寛明日記《かんめいにっき》」によれば、寛永八年（一六三一）十一月五日、忠長は駿河浅間山《せんげんさん》において猿狩りを行なう命を発した。これを聞いた家臣たちは、浅間山は殺生禁断の地ゆえ遠慮すべきと諫めた。しかし忠長は「是れ吾が領地也、何ぞ科《とが》有らん」と承服せず、同十一日に浅間山に入山して猿狩りを決行した。獲物は少なくとも二四〇匹余におよんだという。そしてその帰路、輿《こし》に乗った忠長は、何を思ったかいきなりその窓から輿舁《こしかき》の男の臂《ひじ》に小刀を突き刺した。驚いた男は輿を捨てて逃走したが、忠長は家臣に誅伐を命じ、ついにその男は殺害された。これが忠長の誅伐の始まりであり、浅間山の神の祟りかとしている。

また「江城年録」では、忠長が猿狩りを行なったのは駿河安養寺《あんようじ》山奥の丸子《まりこ》の地で、これを寛永七年九月のこととし、猿狩りなどということは前代未聞のことで、ことに駿府の鎮守浅間社、江戸の鎮守山王社《さんのうしゃ》などではいずれも猿を神の使い、神獣としており、忠長はそうした気遣いもなく、筋なき慰みであると諸人も語っていたとする。

猿狩りは本当か

これらは、忠長を語るとき必ず登場する逸話であり、このほか「元寛《げんかん》日記《にっき》」や新井白石『藩翰譜』などにも載せられている。一つの出来事が史料によって、別の日や別の場所のこととして伝わったのか、あるいは実際に別々に行なわれたのかは、はっきりしない。そして、この猿狩りを、領主権の優先性を誇示したものので、かつ害獣対策という領国経営にとっての必要な措置でもあったと、積極的に評価する向きもある（若林淳之「徳川忠長」）。これが事実であれば、そのように評価することもできよう。

また、「江戸図屏風」（国立歴史民俗博物館所蔵）左隻第一扇に描かれた、忠長の屋敷前にいる二人の猿曳きと二匹の猿を、忠長の猿狩りとの関係やその後の忠長の運命を暗示するものとみる見解もある（黒田日出男『王の身体 王の肖像』）。

しかし、それがたまたま忠長の屋敷前だったという偶然性は否定できないし、そもそも『藩翰譜』「寛明日記」「江城年録」「元寛日記」など、もとになる史料自体が後世の編纂史料である。たとえば「寛明日記」が記す寛永八年（一六三一）十一月は、忠長がすでに甲斐甲府に謹慎中で、猿狩りの実施など不可能なはずである。また当時の大名の書状や日記などの一次史料に、この猿狩りを書き留めたものが皆無であることからも、この逸話は後世の創作の可能性が高いと筆者には思われるのである。

ともあれ江戸時代の人々が、寛永八年の初頭から、ある意味で突然始まる忠長の凶行の数々を、なるほどそういうことだったのかと理解するためには、とくに忠長が将軍家の親族だっただけに、世俗的な理由ではなく、何か禁忌を犯したことによる神仏の祟りの所以としなければ、彼らにとっては納得できるだけの合理性が得られなかったに違いない。忠長の猿狩りは、そうしたことから創作された逸話ではなかったろうか。

大坂城を望む忠長

また、林信篤《はやしのぶあつ》（鳳岡《ほうこう》）「寛永小説」につぎのような逸話がある。秀忠が死去する前年、忠長が高崎配流となったことを悲しんだ家光は、たびたび秀忠に忠長との対面を願った。するとあるとき、秀忠は鼻紙袋から一通の書付を取り出して家光に読ませた。その書付は忠長からの直書で、現在の知行高（五〇万石）をそのまま畿内に移し、大坂城を拝領したいとの内容であった。秀忠は、このようなことを願う者とどうして対面などできようか、と語ったという。この「寛永小説」は、寛永年中に家光の近臣が信篤の祖父林羅山《らざん》に語ったことを、祖父から聞き出した信篤が書き留め、享保三年（一七一八）十一月に将軍吉宗《よしむね》に提出したもので、全体として家光の事績録としての性格が強い史料である。くわえて、忠長が高崎に配流となったのは、秀忠の死去する前年ではなく死後であるから、この話もにわかには信じられない。

問題は、こうした逸話が何ゆえ後世になって語られていたのかということである。ここでは、家光が弟忠長を哀れに思い秀忠に取りなす姿とは対照的に、法外な要求をして秀忠や家光を困惑させる忠長の姿が映し出されている。家光が今後も自分の立場を脅かしかねない、ある意味で憎き弟をむりやり高崎に逼塞させたのではなく、むしろ忠長自身の言動の方に問題があったのであり、ゆえに高崎配流は仕方のないこと、自業自得なのだということを強調する意図を読み取ることができる。

逸話の正体

このほかにも、忠長の元服前のこととして、稲富直賢《いなとみなおかた》に砲術を学んだ忠長が、江戸城西の丸の堀にいた鴨を鉄砲で撃ち、それをお江与の方が秀忠の酒膳に供えたところ、秀忠は、江戸城は家康が築き家光に譲る城であり、その城に向かって鉄砲を放つなど以てのほかであると激怒した話もある（『藩翰譜』『武野《ぶや》燭談《しょくだん》』）。これは、一面で、秀忠が嫡庶の別を弁《わきま》えていたことを物語る逸話であるが、いっぽうで忠長の家光に対する反逆的な行動だったことを炙り出すことにもなっている。

このように忠長の逸話には、神をも恐れぬ不届きな所行や罪のない者への残忍さ、将軍の子あるいは大名としての分別のない行動などが、これでもかと語られている。しかし、ここには忠長の問題ある性格・行動をことさら強調することによって、逆に兄家光が将軍となったことの正当性と妥当性を、より主張しようとする狙いがあるように筆者には思われる。それが忠長の逸話の正体ではないだろうか。

「代替わり」の危機とその後の忠長――エピローグ

「御代始めの御法度」論の当否

徳川忠長の改易《かいえき》事件の政治史的な意義については、これまで「御代始《みよ》めの御法度《はっと》」論としての見方が定説となっていた。すなわち徳川秀忠から家光への「代替わり」における政治的緊張下において、寛永九年（一六三二）五月の肥後熊本《ひごくまもと》藩五四万石加藤家《かとうけ》の改易とともに、忠長も家光の強権発動の犠牲者となったというもので、忠長の改易を幕府の予定の政治行為とみなすものである。

しかし、これまでみてきたように、家光は忠長の凶行に対して年寄衆《としよりしゅう》を派遣して、あるいは直接みずからが「異見」をくわえて忠長に自制を促してきた。またその処分についても、秀忠が弟の松平忠輝《まつだいらただてる》や甥の松平忠直《ただなお》に対して行なった処罰に比べれば、極刑を猶予しかつ立ち直りの機会を残すという、忠長に配慮しその更生に期待したものだった。家光にとってもし忠長がライバルであり邪魔な存在だとしたら、忠長の最大の庇護者であった母お江与《えよ》の方は五年も前に死去していたし、また忠長の凶行を知った時点で最高実力者である秀忠も見放していたのだから、家光がその気になれば即座に改易や遠流といった処分を課すことも、不可能ではなかったはずである。だが、家光はそうはしなかった。

こうした対応からは、忠長の凶行を家光にとっては「還って目出度《めでた》く」と記した細川忠興《ほそかわただおき》ら周囲の目はどうであれ、家光自身は忠長を敵視するようなことはなく、少なくとも忠長を自害に追い込むまでは、むしろ弟をかばい更生に期待する姿勢を貫いてきたといえる。そうした意味では、家光が計画的に事を運び、忠長を自害に追い込んだとみることはできず、忠長の改易を「御代始めの御法度」論で捉えることはできないのである。

忠長の目線

いっぽうで、忠長が家光をみる目はどうだったろうか。幼少期はともかく、とくに家光が将軍となって以後の忠長は、家光の疱瘡《ほうそう》を直書で見舞ったり、秀忠のいる西の丸や大名屋敷への家光の御成《おなり》に頻繁に供奉《ぐぶ》したりもしていた。また家光も親藩のなかでも忠長の屋敷にもっとも多く御成するなど、兄弟の関係はきわめて良好で、忠長が家光に反感を抱いている様子はみられなかった。

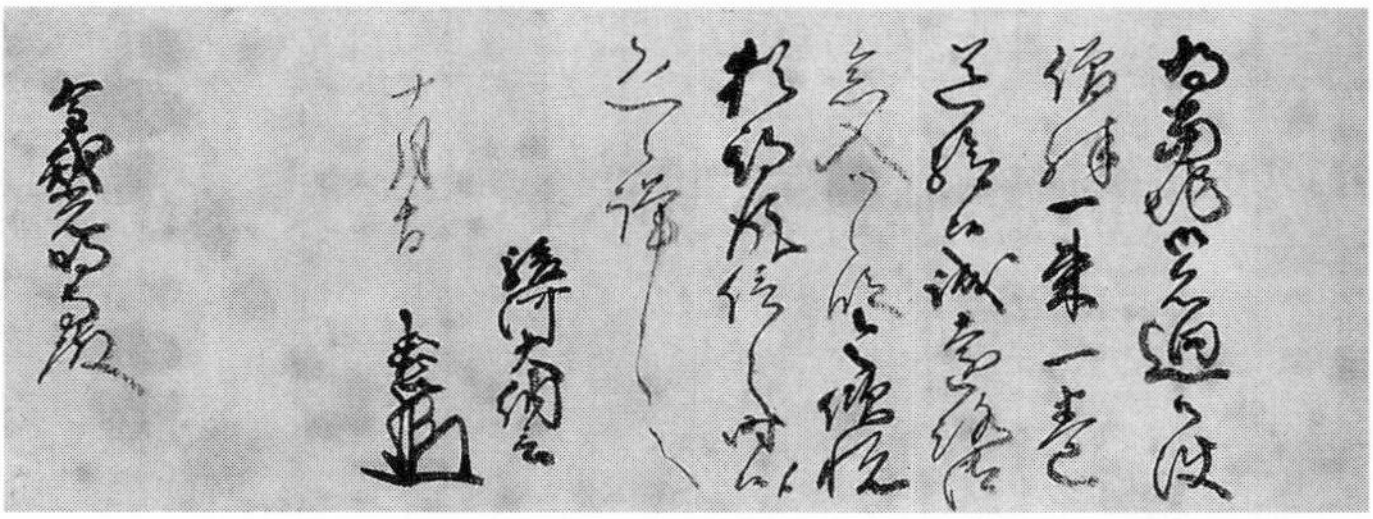

図29　10月10日付徳川忠長書状（金戒光明寺所蔵）

家臣たちへの手討ちについても、これは駿府《すんぷ》藩徳川家内部の問題であり、間接的には将軍の威信を傷つけることになったとしても、直接家光に反旗を翻したというわけでもない。また秀忠が死去する直前には、忠長は秀忠への取り成しを家光に頼んだりもしていた。このようにみてくると、表面的には忠長も家光に対する悪感情があったとは思えない。

兄家光への対抗心

だが、それでも筆者は、忠長には心の奥底で兄家光に対する対抗心や反発はあったと思うのである。それには、やはり幼少時代に両親の、とくに母親の愛情を一身に受けて成長したことや、世継の地位が決まらないまま兄家光とほぼ同等に育てられたこと、そして、かならずしも実証したわけではないが、能力的にも家光をしのいでいた節があること、つまり兄に対する優越感、といったものが起因していたと思われるのである。

こうしたことが、家光が父の後を継いで諸大名の頂点に君臨する将軍となったのに対して、自分はその家臣で五〇万石の大名に甘んじているという境遇の違いへの不満と対抗心を、忠長の心の深層に抱かせることになったのではないだろうか。そして、おそらくはそうした潜在的な不満に酒の力がくわわったとき、そのはけ口が家臣や側近に向かい、あのような手討ちにおよんでいたと思われるのである。そうでなければ、忠長の凶行が本当にただの「気違い」からのものとなってしまう。

保科正之の存在

では忠長の手討ちが、駿府藩主となった直後に一度みられたものの、なぜ寛永七年（一六三〇）末ないし翌八年の初頭から、あのようなドラスチックな形で現れたのだろうか。これについては、残念ながらはっきりした原因はわからない。

ただ、推測の域を出るものではないが、一つ考えられることは、弟である保科正之《ほしなまさゆき》の存在である。忠長が寛永七年十二月八日に保科正之と江戸で対面しただろうことは前述した。この対面の日付が正しければ、そしてそのとき忠長が正之の人物・聡明さを見抜いたとすれば、自分の境遇に不満を持つ忠長が「この弟はかならず兄に取り立てられる。兄は自分よりこの弟を重用するようになる」と考えても不思議ではない。とすれば、忠長はみずからの存在意義に疑問を持つようになり、その結果が正之と会った直後からの家臣の手討ちという、ある意味で自棄的な行動につながっていたのかも知れない。

「代替わり」の危機

ところで、戦国時代以来の下剋上の風潮が依然として冷めやらぬ近世前期において、一般に武家社会における相続形態は、かならずしも長子単独相続という原則は確立されておらず、一面で能力を優先する戦国的な風潮が色濃く残っていた。また主従関係においても、武士たちは大名「家」に属する家臣というよりも、出頭人《しゅっとうにん》に典型的にみられるように、主君と家臣との人間関係によって成り立つ場合が多くあった。こうした風潮や主従関係のあり方のもとでは、隠居や死去によって新旧の当主が交代する前後、すなわち、いわゆる代替わりの時期というのは、多くの「家」で多かれ少なかれ不安定な、場合によっては存続が危ぶまれるような状況が生み出されていた。新当主はそうした危機を自力で乗り越えることによって、みずからの政治体制を安定させなければならなかったのである。

これは一人大名家だけでなく、じつは将軍家でも同様であった。もちろん表面的には家康から秀忠、家光、家綱《いえつな》へと将軍職は順当に継承されていた。しかし、とくに秀忠から家光への代替わりでは、本書冒頭でかなりの頁をさいてみたように、秀忠の甥にあたる越前《えちぜん》藩主松平忠直を核として年寄本多正純《ほんだまさずみ》らがからむ、まさに一触即発の事態がみられるなど、大坂の陣後の幕府にとって最大の危機がおとずれていた。

いっぽう、最高実力者である大御所《おおごしょ》が死んで、後継将軍の親政が開始される前後が、じつは新将軍にとっての実質的な「代替わり」であった。本書でも縷々述べたように、大御所秀忠が死去する前から、天変地異の続発とも相俟《あいま》って、世情はかなり不穏なものがあった。そして、秀忠の亡き後の家光政権もかなり不安定な状況で出発していたが、その中心にいたのが家光の弟忠長だったのである。ただし筆者には、忠長が意図的にそうした状況をつくり出していたとは思えない。思えないのであるが、それでも、あのような家臣への手討ちを繰り返した結果、父秀忠の病状が悪化し、その死を早めることとなっていた。つまり「代替わり」を早めることとなっていた。さらに秀忠死後においても、世継がなく、しかも病弱だったという家光自身の問題とも相俟って、高崎《たかさき》に幽閉されていたとはいえ、将軍職の継承権を持つ忠長の存在そのものが、「代替わり」の危機をいっそう増幅させることとなっていたのである。そして将軍家光は、そうした危機を乗り越えることによって、みずからの将軍権力を確立させたのである。

忠長の赦免と霊廟

寛文五年（一六六五）十二月六日、忠長の三十三回忌法要が行なわれた。大信寺《だいしんじ》において千部経が読まれ、幕府からは銀五〇〇枚と米一〇〇俵が寄進された。また、このとき弟の保科正之も、香典として銀一〇枚を兄忠長の霊前に献じていた（『厳有院殿《げんゆういんでん》御実紀《ごじっき》』「土津《はにつ》霊神《れいしん》事実《じじつ》」）。しかし、これをもって忠長の罪が許されたというわけではない。忠長の死後しばらくは墓標が建てられず、遺体を埋葬した塚の上に数本の松が植えられただけだったからである。

忠長が正式に赦免されたのは、その自害からじつに四二年後の延宝三年（一六七五）であった。この年二月十七日、将軍家綱から忠長の石塔建立のため、大信寺に金一〇〇両が下賜されたのである。そして四月六日には霊廟も建立された。それは三つ葉葵の紋を左右両扉に配した唐門と、東西一九間（約三四・八メートル）、南北五間（約九・二メートル）の板塀に囲まれ、内部に高さ九尺七寸（約三メートル）の五輪塔と拝殿を備えた、まさに霊廟というべきものであった。ただ拝殿については、寛政元年（一七八九）までその存在が確認できるものの、

図30　昭和初期の徳川忠長霊廟
（田島武夫『高崎の名所と伝説』高崎中央ライオンズクラブ，1973年）

明治十六年（一八八三）には失われていたとされる（「江戸幕府日記」「高崎志」「更正高崎旧事記」）。そして、その霊廟も昭和二十年（一九四五）八月十四日深夜から翌十五日早朝にかけてのアメリカ軍による空襲によって、五輪塔を残してすべて灰燼《かいじん》に帰してしまった。

なお忠長の塚の上に植えられた松は、忠長が生前に愛した松で、忠長が恨みをのんで割腹した際、みずからの腸をその松に向かって投げつけたことから、「大納言腸懸《わたか》けの松」と呼ばれ、江戸に向かった枝は決して伸びないとされた。伝説に過ぎないが、ここには、地元高崎の人々が抱く忠長への思いが表れているように思われる。しかし、その松も大正の末年には枯死し、昭和五年の冬にすべて伐採された。

正室・侍妾・子

忠長の正室は、忠長が寛永九年（一六三二）十月に高崎に逼塞《ひっそく》となった後、江戸城北の丸の竹橋《たけばし》付近に別邸を建てて移り住み「北の丸殿」と呼ばれた。そして元禄四年（一六九一）九月十九日、七八歳で死去した。法号は光松《こうしょう》院《いん》（『幕府祚胤伝《ばくふそいんでん》』）。

『高崎大観』によれば、忠長には五人の侍女が仕えていたとされる。このうち大信寺の過去帳には、忠長の「ツボ子《ネ》（局）」として昌清院殿心誉明安大姉（明暦元年〈一六五五〉七月十八日没）・玉蓮院殿明誉周光比丘尼（明暦三年三月十七日没）・宝樹院殿香誉清心大姉

〈万治元年〈一六五八〉正月十三日没〉の三人の戒名が記されている。おそらく彼女らが、高崎に逼塞中も忠長の身の回りの世話をしていたのだろう。ただ、これが事実だとすれば、兄家光が知らぬはずはない。家光にすれば、もし忠長に男子が誕生したら、してしまったら、ある意味その子は忠長以上に脅威となったかも知れない。とすれば、家光が寛永十年十月に重体となってほどなく、忠長に死をせまったのも、なおさら理解できるというものである。

最後に、その忠長の子であるが、『幕府祚胤伝』によれば、「長七」なる人物と、寛永十五年～万治二年まで、武蔵秩父《むさしちちぶ》郡田邑《たむら》郷円福寺《えんぷくじ》の住持をつとめた祖円なる僧侶が、忠長の男子と伝わっているとする。もちろん当の『幕府祚胤伝』も後世の人の附会として否定的ではあるが、かりにそうした子がいたとしても、家光が放っておくはずがない。もはやそれは、あまりにも自明であろう。

あとがき

いきなり古い話で恐縮であるが、筆者がようやく青春時代をむかえた昭和五十一年（一九七六）ごろ、歌手の内藤やす子が歌う「弟よ」という曲（作詞・橋本淳、作曲・川口真）がヒットしていた。田舎から都会に出てきた一人の女性が、仕事に疲れはてアパートの一室で毛布にくるまっていると、ふと脳裏に浮かんでくるのは、故郷に残してきた、愚れて非行を繰り返す一歳違いの弟のことであった。二人にどのようないきさつがあったかはわからないが、サビの最後のところで、内藤は独特のハスキーボイスで、弟の更生を願う姉の悲痛な胸のうちを、その喉奥から絞り出すように歌っていた。

将軍家光にとって、時代も、立場も、姉と兄という違いもあるけれども、凶行を繰り返す弟忠長を甲府に謹慎させて以後あるときまでは、この歌のサビにある「弟よ、弟よ、悪くなるのはもうやめて、あなたを捨てたわけじゃない」という文句が、じつは弟忠長に対してもっともかけたかった言葉かも知れず、家光はこの歌の姉と同じ心境だったのではと、どうにも筆者には思えてならない。

それにしても、本書を執筆していて改めて思ったのは、歴史はきわめて残酷だということである。たとえば、本能寺の変で織田信長を討った明智光秀は、天下の「謀反人」となり、江戸時代中期に商人資本を積極的に活用した老中田沼意次は、「ワイロ政治」を行なった人物と評価される。後世に、こうした見方がいかに見直されようとも、あるいは事実はそうでなかったとしても、いちど貼られたレッテルが剝がされることはなかなかに難しく、死後何百年たっても彼らは「謀叛人」や「ワイロ政治」家と呼ばれてしまう。今回、ある意味では筆者自身が忠長に「狂暴な君主」のレッテルを貼ることになったかも知れない。もちろん、これまでも忠長の凶行については、筆者以外の多くの研究者もふれてきたのだが、こうした書籍の形で、今さらそれを蒸し返して何の意味があるのか、何か忠長に申し訳ない気持ちがあったことも事実である。本書の執筆が一段落ついた昨年十月のある日、筆者は大信寺境内にある忠長の墓所をおとずれ、そのことを心の底から詫びたのであった。

ところで前著『保科正之（人物叢書）』を執筆した際、はじめの原稿の段階で、家光と忠長の関係にふれた「二人の兄」の節に多くのページを費やしてしまった。人物叢書を責任編集している日本歴史学会から、そこはもう少しコンパクトにしてはいかがかと提案された。

その後、吉川弘文館編集部の斎藤信子さんから、秀忠の三人の子どもについて執筆してみないかと依頼を受けたのであるが、これが本書が世に出る切っ掛けであった。家光と忠長、二人の人生の明暗は、ある意味で同じ父と母の子として生まれたゆえのものであった。いっぽうで保科正之は、やはり秀忠の子だったにもかかわらず、母親が違うというだけで不遇な少年時代を送り、しかし最後は会津二三万石の大名となり、「大老」として幕府政治にも重きをなす存在となった。忠長と正之、同じ将軍の子でありながらも、これまた対照的な生涯を送った兄弟だった。前著『保科正之』も、あわせてお読みいただければ幸いである。

最後に本書の刊行にあたり、大学の先輩である久染健夫さんには、拙い原稿を読んでもらい、文章表現など様々なご助言をいただいた。また、もし本書の内容がいくらかでも豊かなものになっているとすれば、それは前出の吉川弘文館編集部の斎藤信子さんによる、ご提案と暖かい励ましのおかげである。同じく製作担当の大熊啓太さんにも、細部にわたって原稿をチェックしていただいた。末筆ながら、右の方々に衷心より御礼を申し上げたい。いま日本は、政治の無能・無策によるゆえか、依然としてコロナ禍のまっただなかにいる。とにもかくにも、一日もはやいその終息を願うのみである。

二〇二一年三月

小池　進

参考文献

刊行史料

『史籍雑纂　当代記・駿府記』続群書類従完成会、一九九八年
『東照大権現祝詞略注』赤堀又次郎、一九一五年
『熊本県史料』近世編第一～三、熊本県、一九六五年
『大日本近世史料　細川家史料』二～一〇、東京大学史料編纂所、一九七〇～八六年
『新編藩翰譜』第二・五巻、新人物往来社、一九六七・六八年
『新訂本光国師日記』第一～第七、続群書類従完成会、一九六六～七一年
『大日本古記録　梅津政景日記』一～九、東京大学史料編纂所、一九八四年
『鹿児島県史料』旧記雑録後編四、鹿児島県、一九八三年
『細井俊司所蔵　牧野文書』増田孝編、文献出版、一九八九年
「松平忠利日記」『豊橋市史』第六巻、豊橋市史編集委員会、一九七六年
『日本海外関係史料　オランダ商館長日記』訳文編之一（上）、東京大学史料編纂所、一九七六年
『新訂増補国史大系　徳川実紀』第二・三篇、吉川弘文館、一九八一年
『徳川諸家系譜』第一・二、続群書類従完成会、一九七〇・七四年
『東武実録』内閣文庫所蔵史籍叢刊一・二、汲古書院、一九八一年

『御当家紀年録』児玉幸多編、集英社、一九九八年
『源敬様御代御記録』〈史料纂集古記録編〉第一、八木書店、二〇一六年
『江戸幕府日記 姫路酒井家本』第一巻、ゆまに書房、二〇〇三年
『信濃史料』第二四・二五巻、信濃史料刊行会、一九六五・六六年
『新訂寛政重修諸家譜』第一〜二二、続群書類従完成会、一九六四〜六六年
『寛永諸家系図伝』第一〜一五、続群書類従完成会、一九八〇〜九四年
『大日本史料』第一二篇之四九、東京大学史料編纂所、一九八二年
『茨城県史料』近世政治編一、茨城県史編さん近世史料第一部会、一九七〇年

研究文献

黒板勝美『国史の研究』各説の部、文会堂書店、一九一八年
栗田元次『綜合日本史大系』第九巻・江戸時代上、内外書籍、一九二七年
三上参次『江戸時代史』上巻、冨山房、一九二七年
池田晃淵『日本時代史』第九巻、早稲田大学出版部、一九二七年
白石一編『大崎大観』高崎大観刊行会、一九二八年
白石矢水「駿河大納言」『上毛文化』第二巻八号、一九三七年
林 董一「『御付家老』考」『日本歴史』第一三二号、一九五九年
藩制史研究会編『藩制成立史の総合研究』吉川弘文館、一九六三年
藤野 保『徳川幕閣』中央公論社、一九六五年

森山恒雄「加藤忠広」『大名列伝』三・悲劇篇、人物往来社、一九六七年
金井　圓「松平忠直」『大名列伝』三・悲劇篇、人物往来社、一九六七年
若林淳之「徳川忠長」『大名列伝』三・悲劇篇、人物往来社、一九六七年
古川貞雄「初期徳川家門大名領知の一考察」『信濃』第二四巻五・六号、一九七二年
高木昭作「本多正純の改易をめぐって」『栃木県史研究』第八号、一九七四年
朝尾直弘『日本の歴史一七　鎖国』小学館、一九七五年
朝尾直弘「将軍政治の権力構造」『日本歴史』近世二、岩波書店、一九七五年
波田野富信「参勤交代制の一考察」『日本歴史』第三五九号、一九七八年
大野瑞男「国絵図郷帳の国郡石高」『白山史学』第二三号、一九八七年
内山信次「駿河大納言　自刃とその遺跡」『上州路』一八五号、一九八九年
山本博文『寛永時代』吉川弘文館、一九八九年
高木昭作『日本近世国家史の研究』岩波書店、一九九〇年
藤井讓治『江戸幕府老中制形成過程の研究』校倉書房、一九九〇年
山本博文『幕藩制の成立と近世の国制』校倉書房、一九九〇年
山本博文『江戸城の宮廷政治』読売新聞社、一九九三年
笠谷和比古『近世武家社会の政治構造』吉川弘文館、一九九三年
黒田日出男『王の身体　王の肖像』平凡社、一九九三年
小池　進「大名改易政策の一断面」田中健夫編『前近代の日本と東アジア』吉川弘文館、一九九五年

辻　達也『江戸幕府政治史研究』続群書類従完成会、一九九六年
藤井譲治『徳川家光』吉川弘文館、一九九七年
福田千鶴「近世前期大名相続の実態に関する基礎的考察」『史料館研究紀要』第二九号、一九九八年
高木昭作『江戸幕府の制度と伝達文書』角川書店、一九九九年
根岸茂夫『近世武家社会の形成と構造』吉川弘文館、二〇〇〇年
小池　進『江戸幕府直轄軍団の形成』吉川弘文館、二〇〇一年
小山譽城『徳川御三家付家老の研究』清文堂出版、二〇〇六年
下重　清『幕閣譜代藩の政治構造』岩田書院、二〇〇六年
秋元茂陽『徳川将軍家墓碑総覧』パレード、二〇〇八年
久保貴子『徳川和子』吉川弘文館、二〇〇八年
藤井譲治『徳川将軍領知宛行制の研究』思文閣出版、二〇〇八年
福田千鶴『江の生涯』中央公論社、二〇一〇年
山本博文『徳川幕府の礎を築いた夫婦―お江と秀忠―』グラフ社、二〇一〇年
巌谷勝正「崇源院の宮殿」『ＮＨＫ大河ドラマ特別展図録　江』ＮＨＫ、二〇一一年
藤井譲治『天下人の時代』吉川弘文館、二〇一一年
福田千鶴『徳川秀忠』新人物往来社、二〇一一年
山本博文『徳川将軍15代』小学館、二〇一一年
小池　進「保科正之と徳川忠長の対面をめぐって」『信濃』第六五巻七号、二〇一三年

野村　玄『徳川家光』ミネルヴァ書房、二〇一三年
小池　進『保科正之』吉川弘文館、二〇一七年
福田千鶴『春日局』ミネルヴァ書房、二〇一七年
越坂裕太「内閣文庫所蔵昌平坂本『元和寛永小説』」『鷹・鷹場・環境研究』第二号、二〇一八年
劉　晨「近世初期徳川政権の親族政策について」『史林』第一〇二巻第三号、二〇一九年
山本博文『徳川秀忠』吉川弘文館、二〇二〇年

自治体史

『山梨県史』資料編八近世一、山梨県、一九九八年
『甲府市史』通史編第二巻近世、甲府市史編さん委員会、一九九二年
『静岡県史』資料編九・近世一、静岡県、一九九二年
『静岡県史』通史編三・近世一、静岡県、一九九六年
『相模原市史』第二巻、神奈川県相模原市、一九六七年
『高崎市史』第三巻、高崎市史編さん委員会、一九六八年
『新編高崎市史』資料編五・近世一、高崎市史編纂委員会、二〇〇二年
『群馬県史』通史編四近世一、群馬県史編纂委員会、一九九〇年
『日光市史』中巻、日光市史編さん委員会、一九八六年
『佐久町誌』歴史編二近世、佐久町誌刊行会、二〇〇五年

著者紹介
一九六〇年、千葉県に生まれる
二〇〇〇年、東洋大学大学院文学研究科博士後期課程修了
現在、東洋大学非常勤講師・聖徳大学兼任講師、博士（文学）

〔主要著書〕
『江戸幕府直轄軍団の形成』（吉川弘文館、二〇〇一年）
『保科正之』（吉川弘文館、二〇一七年）

歴史文化ライブラリー
527

徳川忠長
兄家光の苦悩、将軍家の悲劇

二〇二一年（令和三）七月一日　第一刷発行

著者　小《こ》池《いけ》進《すすむ》
発行者　吉川道郎
発行所　株式会社　吉川弘文館
東京都文京区本郷七丁目二番八号
郵便番号一一三―〇〇三三
電話〇三―三八一三―九一五一〈代表〉
振替口座〇〇一〇〇―五―二四四
http://www.yoshikawa-k.co.jp/
印刷＝株式会社 平文社
製本＝ナショナル製本協同組合
装幀＝清水良洋・高橋奈々

ISBN978-4-642-05927-5

歴史文化ライブラリー

1996. 10

刊行のことば

現今の日本および国際社会は、さまざまな面で大変動の時代を迎えておりますが、近づきつつある二十一世紀は人類史の到達点として、物質的な繁栄のみならず文化や自然・社会環境を謳歌できる平和な社会でなければなりません。しかしながら高度成長・技術革新にともなう急激な変貌は「自己本位な刹那主義」の風潮を生みだし、先人が築いてきた歴史や文化に学ぶ余裕もなく、いまだ明るい人類の将来が展望できていないようにも見えます。このような状況を踏まえ、よりよい二十一世紀社会を築くために、人類誕生から現在に至る「人類の遺産・教訓」としてのあらゆる分野の歴史と文化を「歴史文化ライブラリー」として刊行することといたしました。

小社は、安政四年（一八五七）の創業以来、一貫して歴史学を中心とした専門出版社として書籍を刊行しつづけてまいりました。その経験を生かし、学問成果にもとづいた本叢書を刊行し社会的要請に応えて行きたいと考えております。

現代は、マスメディアが発達した高度情報化社会といわれますが、私どもはあくまでも活字を主体とした出版こそ、ものの本質を考える基礎と信じ、本叢書をとおして社会に訴えてまいりたいと思います。これから生まれでる一冊一冊が、それぞれの読者を知的冒険の旅へと誘い、希望に満ちた人類の未来を構築する糧となれば幸いです。

吉川弘文館

歴史文化ライブラリー

近世史

歴史文化ライブラリー

運慶 その人と芸術 — 副島弘道
ほとけを造った人びと 止利仏師から運慶・快慶まで — 根立研介
祇園祭 祝祭の京都 — 川嶋將生
洛中洛外図屏風 つくられた〈京都〉を読み解く — 小島道裕
化粧の日本史 美意識の移りかわり — 山村博美
乱舞の中世 白拍子・乱拍子・猿楽 — 沖本幸子
神社の本殿 建築にみる神の空間 — 三浦正幸
古建築を復元する 過去と現在の架け橋 — 海野 聡
大工道具の文明史 日本・中国・ヨーロッパの建築技術 — 渡邉 晶
苗字と名前の歴史 — 坂田 聡
日本人の姓・苗字・名前 人名に刻まれた歴史 — 大藤 修
大相撲行司の世界 — 根間弘海
日本料理の歴史 — 熊倉功夫
日本の味 醤油の歴史 — 林 玲子・天野雅敏 編
中世の喫茶文化 儀礼の茶から「茶の湯」へ — 橋本素子
香道の文化史 — 本間洋子
天皇の音楽史 古代・中世の帝王学 — 豊永聡美
流行歌の誕生 「カチューシャの唄」とその時代 — 永嶺重敏
話し言葉の日本史 — 野村剛史
柳宗悦と民藝の現在 — 松井 健
たたら製鉄の歴史 — 角田徳幸
金属が語る日本史 銭貨・日本刀・鉄炮 — 齋藤 努
書物と権力 中世文化の政治学 — 前田雅之
災害復興の日本史 — 安田政彦

民俗学・人類学

日本人の誕生 人類はるかなる旅 — 埴原和郎
倭人への道 人骨の謎を追って — 中橋孝博
役行者と修験道の歴史 — 宮家 準
幽霊 近世都市が生み出した化物 — 髙岡弘幸
雑穀を旅する — 増田昭子
川は誰のものか 人と環境の民俗学 — 菅 豊
名づけの民俗学 地名・人名はどう命名されてきたか — 田中宣一
記憶すること・記録すること 聞き書き論ノート — 香月洋一郎
柳田国男 その生涯と思想 — 川田 稔

世界史

神々と人間のエジプト神話 魔法・冒険・復讐の物語 — 大城道則
中国古代の貨幣 お金をめぐる人びとと暮らし — 柿沼陽平
渤海国とは何か — 古畑 徹

歴史文化ライブラリー

古代の琉球弧と東アジア——山里純一
アジアのなかの琉球王国——高良倉吉
琉球国の滅亡とハワイ移民——鳥越皓之
イングランド王国前史 アングロサクソン七王国物語——桜井俊彰
フランスの中世社会 王と貴族たちの軌跡——渡辺節夫
ヒトラーのニュルンベルク 第三帝国の光と闇——芝 健介
人権の思想史——浜林正夫

考古学

タネをまく縄文人 最新科学が覆す農耕の起源——小畑弘己
老人と子供の考古学——山田康弘
顔の考古学 異形の精神史——設楽博己
〈新〉弥生時代 五〇〇年早かった水田稲作——藤尾慎一郎
文明に抗した弥生の人びと——寺前直人
樹木と暮らす古代人 木製品が語る弥生・古墳時代——樋上 昇
アクセサリーの考古学 倭と古代朝鮮の交渉史——高田貫太
古 墳——土生田純之
東国から読み解く古墳時代——若狭 徹
埋葬からみた古墳時代 女性・親族・王権——清家 章
神と死者の考古学 古代のまつりと信仰——笹生 衛
土木技術の古代史——青木 敬
国分寺の誕生 古代日本の国家プロジェクト——須田 勉
東大寺の考古学 よみがえる天平の大伽藍——鶴見泰寿
海底に眠る蒙古襲来 水中考古学の挑戦——池田榮史
銭の考古学——鈴木公雄
ものがたる近世琉球 喫煙・園芸・豚飼育の考古学——石井龍太

古代史

邪馬台国の滅亡 大和王権の征服戦争——若井敏明
日本語の誕生 古代の文字と表記——沖森卓也
日本国号の歴史——小林敏男
日本神話を語ろう イザナキ・イザナミの物語——中村修也
六国史以前 日本書紀への道のり——関根 淳
東アジアの日本書紀 歴史書の誕生——遠藤慶太
〈聖徳太子〉の誕生——大山誠一
倭国と渡来人 交錯する「内」と「外」——田中史生
大和の豪族と渡来人 葛城・蘇我氏と大伴・物部氏——加藤謙吉
白村江の真実 新羅王・金春秋の策略——中村修也
よみがえる古代山城 国際戦争と防衛ライン——向井一雄
よみがえる古代の港 古地形を復元する——石村 智

歴史文化ライブラリー

古代豪族と武士の誕生——森 公章
飛鳥の宮と藤原京 よみがえる古代王宮——林部 均
出雲国誕生——大橋泰夫
古代出雲——前田晴人
古代の皇位継承 天武系皇統は実在したか——遠山美都男
古代天皇家の婚姻戦略——荒木敏夫
壬申の乱を読み解く——早川万年
戸籍が語る古代の家族——今津勝紀
地方官人たちの古代史 律令国家を支えた人びと——中村順昭
古代の都はどうつくられたか 中国・日本・朝鮮・渤海——吉田 歓
平城京に暮らす 天平びとの泣き笑い——馬場 基
平城京の住宅事情 貴族はどこに住んだのか——近江俊秀
すべての道は平城京へ 古代国家の〈支配の道〉——市 大樹
都はなぜ移るのか 遷都の古代史——仁藤敦史
聖武天皇が造った都 難波宮・恭仁宮・紫香楽宮——小笠原好彦
天皇側近たちの奈良時代——十川陽一
藤原仲麻呂と道鏡 ゆらぐ奈良朝の政治体制——鷺森浩幸
遣唐使の見た中国——古瀬奈津子
古代の女性官僚 女官の出世・結婚・引退——伊集院葉子
〈謀反〉の古代史 平安朝の政治改革——春名宏昭
平安朝 女性のライフサイクル——服藤早苗
平安貴族の住まい 寝殿造から読み直す日本住宅史——藤田勝也
平安京のニオイ——安田政彦
平安京の災害史 都市の危機と再生——北村優季
平安京はいらなかった 古代の夢を喰らう中世——桃崎有一郎
天神様の正体 菅原道真の生涯——森 公章
平将門の乱を読み解く——木村茂光
安倍晴明 陰陽師たちの平安時代——繁田信一
平安時代の死刑 なぜ避けられたのか——戸川 点
古代の神社と神職 神をまつる人びと——加瀬直弥
古代の食生活 食べる・働く・暮らす——吉野秋二
大地の古代史 土地の生命力を信じた人びと——三谷芳幸
時間の古代史 霊鬼の夜、秩序の昼——三宅和朗

中世史

列島を翔ける平安武士 九州・京都・東国——野口 実
源氏と坂東武士——野口 実
敗者たちの中世争乱 年号から読み解く——関 幸彦
平氏が語る源平争乱——永井 晋

歴史文化ライブラリー

- 熊谷直実 中世武士の生き方 —— 高橋 修
- 中世武士 畠山重忠 秩父平氏の嫡流 —— 清水 亮
- 頼朝と街道 鎌倉政権の東国支配 —— 木村茂光
- 大道 鎌倉時代の幹線道路 —— 岡 陽一郎
- 仏都鎌倉の一五〇年 —— 今井雅晴
- 鎌倉北条氏の興亡 —— 奥富敬之
- 三浦一族の中世 —— 高橋秀樹
- 伊達一族の中世 「独眼龍」以前 —— 伊藤喜良
- 弓矢と刀剣 中世合戦の実像 —— 近藤好和
- その後の東国武士団 源平合戦以後 —— 関 幸彦
- 荒ぶるスサノヲ、七変化 〈中世神話〉の世界 —— 斎藤英喜
- 曽我物語の史実と虚構 —— 坂井孝一
- 鎌倉浄土教の先駆者 法然 —— 中井真孝
- 親 鸞 —— 平松令三
- 親鸞と歎異抄 —— 今井雅晴
- 畜生・餓鬼・地獄の中世仏教史 因果応報と悪道 —— 生駒哲郎
- 神や仏に出会う時 中世びとの信仰と絆 —— 大喜直彦
- 神仏と中世人 宗教をめぐるホンネとタテマエ —— 衣川 仁
- 神風の武士像 蒙古合戦の真実 —— 関 幸彦
- 鎌倉幕府の滅亡 —— 細川重男
- 足利尊氏と直義 京の夢、鎌倉の夢 —— 峰岸純夫
- 高 師直 室町新秩序の創造者 —— 亀田俊和
- 新田一族の中世 「武家の棟梁」への道 —— 田中大喜
- 皇位継承の中世史 血統をめぐる政治と内乱 —— 佐伯智広
- 地獄を二度も見た天皇 光厳院 —— 飯倉晴武
- 南朝の真実 忠臣という幻想 —— 亀田俊和
- 中世の巨大地震 —— 矢田俊文
- 大飢饉、室町社会を襲う! —— 清水克行
- 中世の富と権力 寄進する人びと —— 湯浅治久
- 中世は核家族だったのか 民衆の暮らしと生き方 —— 西谷正浩
- 出雲の中世 地域と国家のはざま —— 佐伯徳哉
- 中世武士の城 —— 齋藤慎一
- 戦国の城の一生 つくる・壊す・蘇る —— 竹井英文
- 徳川家康と武田氏 信玄・勝頼との十四年戦争 —— 本多隆成
- 戦国大名毛利家の英才教育 元就・隆元・輝元と妻たち —— 五條小枝子
- 戦国大名の兵粮事情 —— 久保健一郎
- 戦乱の中の情報伝達 使者がつなぐ中世京都と在地 —— 酒井紀美
- 戦国時代の足利将軍 —— 山田康弘

歴史文化ライブラリー

〈武家の王〉足利氏 戦国大名と足利的秩序――谷口雄太
室町将軍の御台所 日野康子・重子・富子――田端泰子
名前と権力の中世史 室町将軍の朝廷戦略――水野智之
摂関家の中世 藤原道長から豊臣秀吉まで――樋口健太郎
戦国貴族の生き残り戦略――岡野友彦
鉄砲と戦国合戦――宇田川武久
検証 長篠合戦――平山　優
織田信長と戦国の村 天下統一のための近江支配――深谷幸治
検証 本能寺の変――谷口克広
明智光秀の生涯――諏訪勝則
加藤清正 朝鮮侵略の実像――北島万次
落日の豊臣政権 秀吉の憂鬱、不穏な京都――河内将芳
豊臣秀頼――福田千鶴
イエズス会がみた「日本国王」天皇・将軍・信長・秀吉――松本和也
海賊たちの中世――金谷匡人
アジアのなかの戦国大名 西国の群雄と経営戦略――鹿毛敏夫
琉球王国と戦国大名 島津侵入までの半世紀――黒嶋　敏
天下統一とシルバーラッシュ 銀と戦国の流通革命――本多博之

各冊一七〇〇円～二〇〇〇円（いずれも税別）
▽残部僅少の書目も掲載してあります。品切の節はご容赦下さい。
▽品切書目の一部について、オンデマンド版の販売も開始しました。
詳しくは出版図書目録、または小社ホームページをご覧下さい。